増補改訂版

剛柔の息吹

剛柔流空手「拳聖」山口剛玄一代記

山口剛玄 著

日貿出版社

著者揮毫

『剛柔の息吹』増補改訂版出版にあたり

山口剛史

この度、昭和41年7月1日に発刊された、山口剛玄著『剛柔の息吹』が増補改訂版として再発刊されることになりました。

本書、『剛柔の息吹』は父・山口剛玄が「空手道指導書」「フィルム」「ビデオ」「CD」に先駆けて初めて世に示した本人の自叙伝であります。

当時の世代において波乱万丈の人生を送らねばならなかった多くの方々の境遇と彼らの苦難と努力、その情熱を次の時代に語り継ぐことも大切だと思い、改訂版の発刊に踏み切りました。

また、2020年は全日本空手道剛柔会創立70周年の年にもあたり、創設者を偲ぶ意味に於いて良い機会であると考えます。

『剛柔の息吹』は父が愛し、人生の糧として修練した「剛柔流空手道」との出会いと、その普及、発展の歴史の一端でもあります。

無限な夢と希望を持って中国大陸に渡り、戦火の下、人格形成の手段である武道をやむなく幾多の闘争の場で使用して生死を彷徨、明治、大正、昭和を生き抜いた男の〝生き様〟は、自由と安全が保障され、平和な時代を過ごす我々から見て余りにもドラマチックな人生であります。

私が幼少の頃から、そんな父の背中を見て感じてきたイメージは〝溢れ出る闘志と何かを目指す使命感〟でした。

成し遂げようとする強い意志と全力での行動力は私達兄弟にとって大きな励みにもなり、また強いプレッシャーでもありました。

空手道が日本の文化として親しまれ、広く世界にまで普及されて、この度2020年の東京オリンピックのスポーツ競技として発展したことは誠に素晴らしいことではございますが、此処に至るまでの空手道先駆者の一人であります山口剛玄の体験と実践した数々の〝剛柔の息吹〟を本書で感じ、空手道の「何か」を読者其々の生き方に活かして頂ければ誠に有り難いと心から願っております。

この増補改訂版は、『剛柔の息吹』旧版に加えて本書発刊以後の父と「全日本空手道剛柔会」の姿、私から見た山口剛玄、父と満洲で引き裂かれた後から引き揚げ迄の兄弟、家族の想い出、父が語った出来事、考え方等を思い付くまま文章に致しました。

山口剛玄を知り、またその一生に何らかの関わりを持って頂いた多くの方々に心から感謝と御礼を申し述べたく存じます。

発刊にあたりご推薦、ご助言下さいました藍原信也様、出版にご協力下さいました日貿出版社の下村敦夫様に厚く感謝を申し上げます。

２０１９年（令和元年）12月

本書は１９６６年（昭和41）、栄光出版社から刊行された『空手道の真髄　剛柔の息吹』（山口剛玄著）を、増補改訂したものです。

増補改訂にあたってはその資料性を優先し、本文から技術解説、当時の組織図まで、可能な限りオリジナルのまま再現することを優先しています。

しかし、昨今の個人情報保護の観点と、情報の古さによる混乱を避けるため、本文を含む、組織図の住所・連絡先など一部については割愛していることをあらかじめご了承ください。

また一部技法名の表記・解説について現在のものと違う部分もありますが、こちらについては資料性を優先してあえてそのままとしています。

著者近影

序

閑院純仁

（全日本空手道剛柔会名誉会長・元皇族）

山口剛玄氏は、神道家であり、武道家であり、又瑜伽の道に志す求道者である。多年に亘る真摯な修練によって得た体験に基き、神道、武道並びに瑜伽の三者一体の道を築き上げげんとの理想の下に、『剛柔の息吹』なる一書を纏められた。氏は剛柔神教の創始者であり、剛柔流空手道の最高師範である。

神道と武道とは、尊い伝統によって長年に亘り培われてきたものであるが、瑜伽はそれよりも一層古い年代に起源し、又それらの凡ゆる道を超越した根本の真理を教えるものである。真理は一つである。この三者も帰する所は全く合致することは当然である。氏が従来から専門とされた神道、武道に、更らに瑜伽を加えて求道されることは、敬服すべき見識である。神道も、武道も共に瑜伽を内蔵して居り、又瑜伽を離れた神道も、武道も実は在り得ない。然るに、これまで、この点に気づいている人は少いようである。三者一体の企画は、恐らく山口氏の創始ともいえるのではないかと思う。同氏の着想は、高邁である。しかし又その責任も重い。

三者は当然一致すべきものであり、真髄は全く同一である。決して夫々相反し又は対立するものではない。しかし、これを如何に結びつけていくかという実際上の問題となると、三者各々発達の歴史が違い、又その直接の目的とする所並びに理論の展開を異にしているから、必ずしも簡単なものではない。あるいは、これを完成することは甚だ難事であるともいえるし、一種の冒険でさえあるかも知れない。しかし、山口氏は、それをおし遂げ得る人物であると思う。

瑜伽を根本とし、それに神道、武道の精髄を配して、そこに一つの道が生れるとき、それこそ、雄渾なる而して広大無辺なる、真に日本的な、又全人類的の人生の大道が敷かれるであろう。それは既存の凡ゆる宗教、凡ゆる道徳の上を行くものであるといえる。

本書が、その大道を訓え、人間の在り方、人生の生き方を示す一端の使命を果すものであろうことを信じ、著者の求めに応じて本書のために序す。

序

木村篤太郎
（財団法人日本武道館副会長・全日本剣道連盟会長）

先般、空手道界の指導者のかたがたが日本武道館に集まり、現下日本の青少年の間はもとより、世界的に非常な勢いで発展しつつある空手道をいかに正しく指導していくべきかについて真剣な討議が行われ、私もその席に招かれて会議に参画致しました。

私は空手のもつ一触即発の緊張感、生命争奪の直接技法に終始する人間極限の姿をみて、心から空手を慶するものであります。空手はそうした絶対絶命の境地に於て修練をするものであるからこそ、その精神の修養が第一でなければなりません。

しかるに卒直に申上げて空手を行ずる若人たちの中には、その心の在りかたにまだ未熟な点無しとしません。

それ故にいろいろの風評を聞きます。近時頻りに耳にする出来事であるいはデマであるかも知れませんが、乱暴、粗雑というような言葉で表現されるようなことが起きるとすれば、それは空手の真の道を修行しているとはいえないと思います。

この道に行じて三十数年、斯道の炬火をかざして空手道発展の先頭に立たれる山口剛玄最高師範は私の道友であります。

このたび愛する空手道の為に精力を尽してこの良著を世に問うたという事は、正に時宜に適した事でありまして、われわれの等しく敬意を表するところであります。

限りなき空手道の正しき前進を祈り乍ら発刊の祝いとする次第であります。

序

迫水久常
（参議院議員）

山口剛玄先生は、もと、私と同郷鹿児島県の出身であつて、郷上の誇りとするに足る人物であります。その空手道において占める地位は、万人認めて、第一人者とするものであります。本来武道は、神道にその精神的基礎を置くものでありますが、山口先生は、その上に「行」の一事を加えて、この三者の一致を求めつつ修行せられたのでありました。このような修行を重ねるときは、通常人の考え方をもってすれば、人間の限界を超えたといわざるを得ないことが具体的に表現されるに到るのであります。山口先生は、その著『剛柔の息吹』において、このような点を明かにされているのであります。私は、空手道に関心を持つと持たないにかかわらず、人間の本体を究める意味において、この書はすばらしい値打があると信じます。あえて、皆様におすすめするものであります。

序

田中伊三次

（衆議院議員・法学博士・前衆議院副議長）

このたび我国空手道界の大先覚山口剛玄先生が武道家としてのお立場から『剛柔の息吹』を公にせられることになりました。空手道の真髄ともいうべき天地陰陽の原理を数十年間にわたり体験せられた山口先生が、空手剛柔流最高師範として世に問われるものだけに、この著が内外に及ぼす反響ははかり知れないものがあると存じます。

山口最高師範は、立命館大学時代、鞍馬山にこもり禅をくみ、滝にうたれ超人的な修業をせられたことで有名だった。また沖縄にわたり空手の荒修業を積んで帰ってくるや、大学に空手道部を創設し、空手精神を実践せられたことも一そう有名であったが、山口先生の空手剛柔の息吹は、すでにそのころから芽生えていたものと思われます。

山口最高師範の手で組織された全日本空手道剛柔会の支部は全国六十数ケ所に及び、その門下生は三十万人をこえるにいたっております。

山口先生は、つねに我国の空手各流派が不統一のままにある現状を憂慮せられ、東京オリンピックまでには何とかして全国各流派の大同団結を実現したいと念願し、衆議院副議長公邸に統一準備会本部をおき、各派の著名な代表師範の方々とともに並々ならぬ苦心を払われ、ついに東京オリンピックの直前にいたって全日本空手道連盟（会長大浜前早大総長）の結成をみるにいたりました。

また山口先生は剛柔流開祖宮城老先生の到達しえられなかった「道」をもとめて御嶽教神道に入り、またインド六派哲学の一といわれる「ヨガの行」にも入り、一切の五感の作用を制して一事に精神統一を行う黙想的修行法を深く修行せられ、終始一貫、天地陰陽の原理体得をめざし、空手道の真髄の究明に生涯をささげてこられました。かかる体験に富まれる山口先生のこの著述が、広く我国の武道を愛する人々に愛読せられんことを切望してやまないものであります。

序

野田天涯
（日本ヨガ協会講師）

夫れ我国の空手道はその起源を印度渡来の禅僧達磨大師に発し、沖縄を経、日本古来の武術の洗礼を受け渾然一体、群を抜く妙技を案出し、身に寸鉄を帯びざる徒手空拳の闘手は、泰然自若周囲の敵を睥睨し、如何なる場合にも先制攻撃に出でぬ敵手の仕掛くる攻勢を俟って瞬刻の後に先の俊技を揮い、電光石火俊速に対手を封殺すること恰も猛虎の狐狼を殴殺するが如し、是れ真に雷光石火に春風を斬るの概将に神技に近きもの古今の武技中全く稀観に属す、されど之が妙境に達する苦錬の途は、不惜身命、錬磨研鑽を要し、飽食暖衣の薄志弱行の徒の容易に企て及ぶ所に非ず。

されば本書の著者、山口剛玄範士の如きは、薩南健児の出にして幼時より鹿児島特有の、示現流の剣法を素地として、之に空手道の奥儀を究尽し、尚、傍く日本神道と金剛瑜伽の真髄を加味し、霊肉両面の洗練研磨の妙技を建立し、その声誉は洋の内外へ宣賞されつつあり、現下令息の三師範は遠く太平洋を渡りて米州の各地に之が指導と宣布に勤めつつあるところである。是れ実に敗戦日本の真価を武道に依りて列国に誇示し得る堂々たる君子の擁護道にして、最も危険にして自他共に灰滅の悲運を具備する核分裂の魔器とは、天地月鼈雲泥の差あり。

是を以て文明人種の自己防衛の最高具良と称す可く、人種と国別の差異なり、一様に賞讃討究の要あり、今やここに斯道の片鱗を著述して大方の参考に資する一端を染手するに当り、同行末輩の一員として一言蕪辞を連ね、以て巻頭を汚す。その罪や軽からず只管丈方諸賢の叱正を俟つ。

目次

第三章　終戦・捕虜生活

増補部分について 302

左は立命館大学応援団長時代
（応援団長の正装姿）
（本文46頁参照）

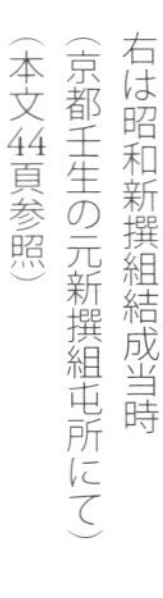

右は昭和新撰組結成当時
（京都壬生の元新撰組屯所にて）
（本文44頁参照）

左、石原莞爾将軍を囲んで
中央和服は石原将軍
向かって左端は福島清三郎先生、
向かって右端は著者
（京都、石原将軍邸庭先）
（本文65頁参照）

上は満洲のチチハル時代の著者

下は昭和十五年東亜武道使節団として訪日した蒙古相撲（京都、剛柔流道場前）（本文76頁参照）

左は東亜武道使節団一行と引率の著者（中央）（京都宿舎前）（本文76頁参照）

〔神前行事後〕
神官装束の著者と満枝夫人

〔球行〕水晶球を凝視する著者
五寸五分の水晶球は西アジアを経て古代支那王朝に伝承されたもの
（本文170頁参照）

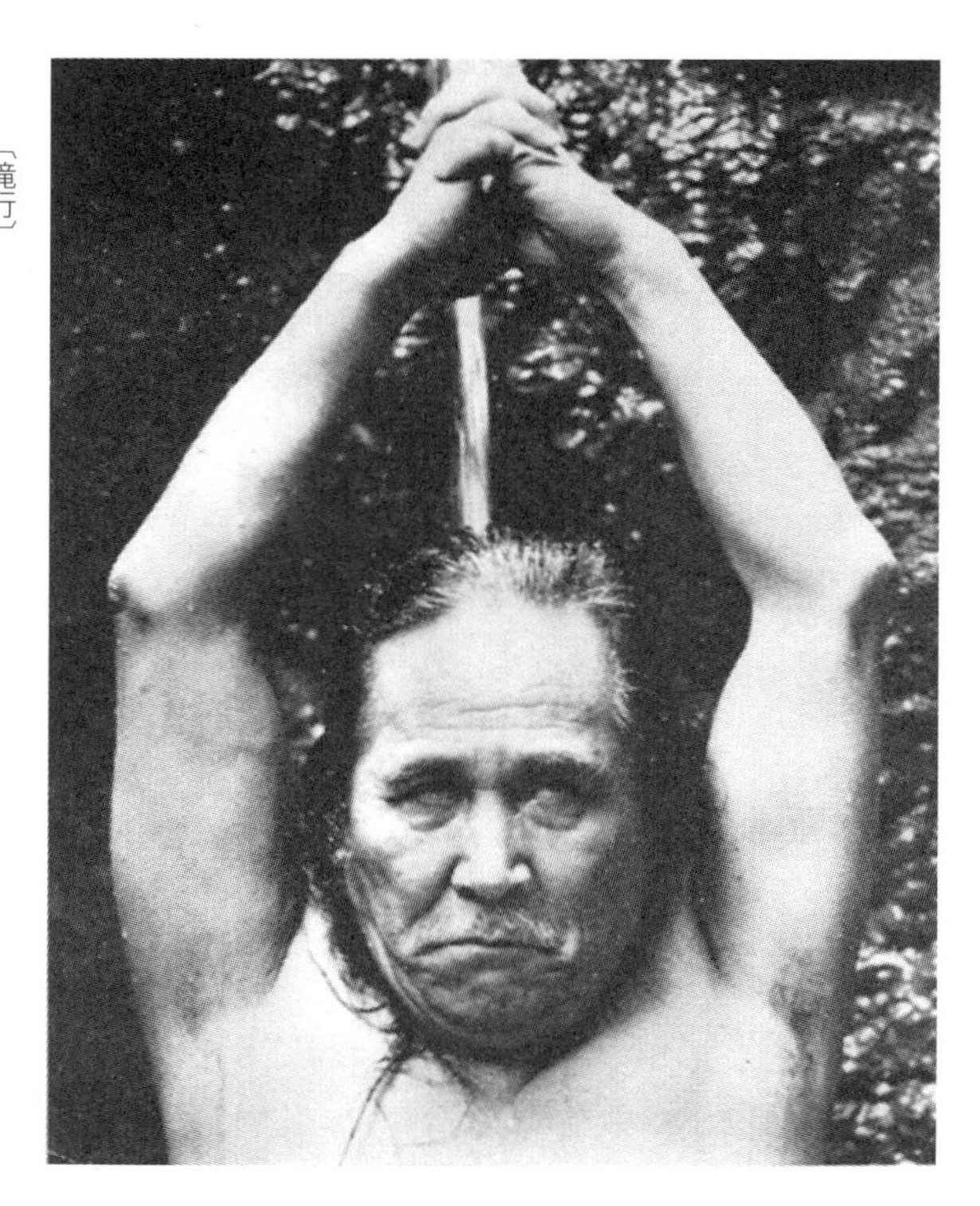

〔滝行〕
三昧に入った瞬間の著者

〔山中の空手修業〕
木曽で滝行の後の著者

全日本空手道剛柔会

修養五ヶ条

我ら空手道修むる者は

一、剛柔の道を学ぶを以て誇とすべし

一、礼儀を正しくすべし

一、質実剛健を旨とすべし

一、団結互助の精神を養うべし

一、日本古来の伝統たる尚武の気風を尊重すべし

稽古始め

著者と末娘和歌子（中学三年生）初段

［剛柔会本部道場風景］

剛柔会章

気合の込もる稽古（女性の姿も見える）

まえがき

今度『剛柔の息吹』と題して、私の自叙伝を出版することになった。

私は今迄に自叙伝などというものを出版しようという気は毛頭なかった。

知人や門人の人々からしきりと勧められ、二、三の出版社からも要望されたのだったが、柄でもないと、その都度お断りしたしだいであった。正直いってそうした心境にはなれなかったのである。

戦後、祖国の再建を胸にシベリアから引揚げてきた私は、剛柔流空手道の再建が自己の使命であると自覚して、ひたすらその再建と普及に打ち込んできた。武道家である私にとってそれが祖国再建への最短距離と信じたからである。

その間、数々の苦難に遭遇してそれを切り開くのに夢中で、とても自己を語ろうなどという余裕はなかった。

ところが最近、栄光出版社の若い諸君が訪れて、私の自叙伝出版をしきりと要望されるのである。勿論お断りしたのだったが、日参同様にすこぶる熱心なのである。

そこで私は、暫く考えた末、承知したしだいであった。

それは剛柔流と共に歩んできた私の道筋と、これからの道を述べることによって、剛柔会門下の人達も、これから空手を学ばんとする人達にも、剛柔流を理解される一助になれば幸いと思ったからで、拙い筆を執ったしだいである。

かえりみれば、幼い頃より剛柔流を学び、大学時代にその宗家を継承し、使命を滞びて満蒙大陸に渡り、そして終戦。戦後はひたすら剛柔流の再建と普及に取り組み、その間、神への真摯な「行」とヨガを学ぶことによって、技の修業のみでは到着し得ない深遠な境地へ目指して日々精進している。私の人生は文字通り剛柔流と共に生きてきたのである。

こうした歩みの中から私の志の一端をいささかでも理解していただけたならば、これに過ぎる喜びはない。

私は文筆家ではない。したがって稚拙な文章ではある。が、成る可く分かりやすくと心掛けたつもりである。後日の御批評を乞いたいと思う。

尚、拙書の為に多忙な中から早速に序文をお寄せ下さった、閑院純仁先生、木村篤太郎先生、迫水久常先生、田中伊三次先生、野田天涯先生方に深く感謝を申し上げるしだいです。

昭和四十一年六月初め

著者

第一章　幼少期・学生時代

生い立ち

武道と信仰の好きな変った子供

強烈な太陽の光りは眩しく照り輝き、打ち寄せる黒潮のもたらす風が適度にさわやかさを与えてくれる。四季を通じて豊かな緑は、香ぐわしい匂いを発散して、南国の自然を物語っている。私の郷里鹿児島は、太陽と緑の国である。

私は、明治四十二年一月二十日、鹿児島市東千石町十七ノ十六番地の旧家山口家の三男として生まれた。そして、情熱的な噴煙を吐く桜島を毎日眺めて育っていったのである。

父親、山口徳太郎は日用雑貨品などの販売を営む傍ら近隣の子供らを集めて寺小屋式の私塾を開き、母よしまつ、はそのよき協力者であった。

私達十人兄弟（男六人、女四人）は富裕ではなかったが、温かい両親の愛情のもとに兄弟仲良く暮らすごく平凡な家庭であった。

ただ、変っていた点は、男兄弟六人がいずれも武道が好きで、剣道、柔道各々好む武道を熱心に稽古していたことである。これは近隣でも〝山口家の武道好きの兄弟〟としてかなりな評判となっていた。

中でも私は武道好きなだけでなく、幼い頃から毎日曜、町のお寺（願心寺）で和尚の法話を聞くのが楽しみで、「子供ながら信仰心の厚い子じゃ」と和尚が目を細めて褒めてくれるほどだった。

目に見えぬ神秘なものへの憧れ、世俗を離れて宗教的な厳粛且つ神々しい雰囲気の中に浸り無限（神仏）なものと自分の心が通わせられる、としたらどんなに素晴らしいだろう。そういったことを子供心にたえず求めていたことは、後年の私を形成する萌芽でもあったのだろう。いまから考えると、私はその頃は同じ年頃の子供達よりは随分早熟だったなあと思っている。

十八交を結ぶ健児の社

当時、鹿児島には「十八交を結ぶ健児の社」といって、この地方独特の伝統的な青少年練成機関が各地域毎にそれぞれ存在していた。

明治維新に活躍した薩摩出身の志士は、皆この「社」で鍛えられており、東郷元帥は「健児の社」の出身だった。

この「健児の社」「夕陽の社」「観覧社」など、いろいろな名の付された「社」は、学校教育、家庭教育では成し得ない独特の教育を施したものであった。

たとえば質実剛健の精神を涵養するには、「武道大会」「肝試し大会」などの催し、赤穂義士の討入りを顕影して、十二月の討入り前夜には各自持寄りの小豆、砂糖などで〝ゼンザイ〟をこしらえて皆で食べるなど、厳しい中にも楽しく、且つ豪毅な気風が身につくのであった。

しかも「社」に於いては長幼の序、先輩後輩の序列は厳しく、「社」の出身者が社会的地位を得たとしても、「社」の集りに出席した場合、その地位は問題でなく、先輩後輩の関係によって上下の座を決めるのである。

私は小学校二年生から「観覧社」で示現流剣道を学び始めたが、これが私の武道練磨の第一歩であった。

示現流といえば、明治維新に大活躍した中村半次郎（後の桐野利秋）が有名である。彼は滴れ落ちる水滴を抜き打ちに切り、その水滴が地に着く前に刀を鞘に収めていたといわれている。

示現流の稽古は形などよりも旺盛な気力の充実に重点が置かれ、打ち込む一撃に必殺の気迫を込め、その一撃に全身をかけていくものだった。だから独り修業の方法では、地面に突き立てた棒に陣笠を冠せ、大声を発して駆け込み全身をぶつけるようにして棒に打ち込むのである。その一撃により、笠が上空に舞い揚る位の打ち込みでなくてはならなかった。

このように、武道の好きな私は、異常なまでの猛練習をしていたが、その頃、どうしても勝てない相手がいた。同級生の猶野君だった。彼は、ひじょうに身のこなしが敏捷で私の打ち込みをするり、と見事に交すのである。殴り合いの喧嘩なら私の敵ではないのだが、竹刀を持つとどうもいけない。負けず嫌いの私は勝ちたい一心で猛烈に稽古に打ち込んではいたのだったが……。

大工の丸田さんに空手の手ほどきを受ける

ちょうどそんな時に、近所に住む沖縄出身の丸田さんという大工が武道好きで変り者の私を常日頃ひじょうに可愛がってくれていたが、この丸田さんが私に向って鹿児島の言葉で、「ジキジンドッコ」つまり〝琉球人の拳〟を教えてやろうか、というのである。どんなものか知らないが、何か変っていて面白そうなので、二つ返事でお願いすると、早速、私に手ほどきしてくれた。

結局、これが私と剛柔流空手道とを結びつけた契機となったのだが、その時はこの〝拳〟の武道が私の一生の道となるとは夢にも思っていなかった。ただ強くなりたい、誰にも負けたくない一心で、小さな体をがむしゃらに修業に駆り立てたのだった。

私の武道練磨の生涯はこの時から始まったのだといえるだろう。

そしてこれからの私の武道修業の日課は、観覧社では示現流、帰宅して深夜に至るまでは暇さえあれば空手の修業に励んだ。

丸田さんが多忙な時は独り修業であるが、三尺位の棒の中間を縄で吊し、棒の先端を狙って拳の打ち込みを練習するのである。すると棒の一方の先端がぐるりと反転するが、それを今度は腕や肱で受けながら、また打ち返えす。こうした動作を交互につづけて体の捌きを覚え、目の付けどころを養い、同時に五体を完全な武器にすることを目標に鍛練するのである。

棒が拳や腕に打ち当って皮が破れ、肉が切れ、血だらけになるのもかまわず鍛えたが、そんな時に、子供心にもどんな苦痛も自ら進み受けるものなら苦痛の中にも楽しみを見出し、そうなれば苦痛ではなくなるものだという体験を得たものだった。

土塀や壁、大きな樹木など少しでも固くて頑丈そうな物を見ると拳を打ち込んでみなくては気の済まなくなったのもその頃である。

大工の九田さんと私の稽古場は庭先であったり、河原だったり、屋外のあらゆる空間が自然道場となった。私を見込んで剛柔流を伝授しようと真剣な丸田さんと、私の真摯な武道追求の意欲とが相まって、ひじょうな熱気をおびた二人の稽古は近隣でも評判となっていった。

こうした猛稽古の甲斐あって、小学校五年になると、宿敵だった猶野君はすでに私の敵ではなかった。

わずか数年の空手修業で私の体質は一変していたのである。足腰のネバリ強さ、筋骨の逞しさ、しかも何依りも敏捷性が自分でも驚く程、身についてきた。今日私のことを海外で、〝ザ・キャット〟と呼んでいるが、猫のような敏捷な身のこなしの基礎が、この頃に培われたのである。

昭和新撰組

苦学して大学に入り〝ゲンコツ組〟作る

こうして空手の修業に打ち込みながら小学校も終えた。子供の多い私の家庭ではとても上級学校へ進学させてくれる余裕はなかった。一時は家出してなんとか自分で働きながら上の学校に入りたいと思ったが、両親に心配かけることを考えるとどうしても実行できなかった。いろいろ考えた末、大阪に嫁している姉を頼って行き、新聞配達、牛乳配達などのいまでいうアルバイトをしながら此花商業学校に入学した。

商業学校時代も空手の独り稽古による修業はいぜんつづいていた。

昭和三年、商業学校を卒業して、関西大学法学科専門部に入学した。

大学内では「類は類を呼ぶ」の如く、武道愛好の武骨者が私を中心に集り、とうとう、「ゲンコツ組」と名付けた武道の修業を目的としたグループができあがった。

腕に覚えのある蛮カラばかりが集ったものだから、初期の目的とは異なり、自然にゲンコツにものをいわせて学校内の風紀取締りと警備を担当して睨みを利かせる結果になってしまった。

二年生になって間もなく、大学内に一騒動が持ち上った。事の始まりというのは学生達から慕われていた辰巳教授を大学側が一方的に辞めさせせようとしたからであった。

温厚で人格者で理想主義者であった辰巳教授は、ヒューマニズムを基調とした、当時からみるとかなり進歩的な考え方を持つ文化人だったが、大学当局を刺激したものであったのだろう。

日頃、何事もない安穏たる生活に退屈でならず、何か事あらばと腕を撫して待っていた矢先である。私の「ゲンコツ組」は好機到来とばかり、恩師の除名撤回のために立ち上ったのであった。

学生達を煽りに煽って、大学の門を固めて、ストライキに突入した。若い純粋な正義感からストライキを指揮するまではよかったが、たちまち大学側から退学処分にされてしまった。これには正直困ったものだった。勉学のできなくなることも困ったが、何依りも武道の修業に具合が悪いのである。武道の練磨には学生でいるに限ると思っていたからである。

京都に行って立命館大学に入ることにした。関西大学を退学させられた〝暴れ者山口〟は知れ渡っているので果して入学させるかどうか難しいところだ。

幸か不幸か、関西大学では退学させたものには学校の証明書を出さない。そのため二年生に編入しようとしたが駄目なので、止むをえず最初からやることにして、此花商業学校の証明書で受験したところ、これがうまくいって一年生に入学許可になった。この時は、立命館でも関西大学の暴れ者と知ったら入学許可はしなかっただろうに、うまくいって私は小躍りして喜んだ。昭和四年のことだった。

立命館に入学、壬生新撰組屯所を借りる

まだ大学には空手部というものは無かったので、私は相撲部に籍を置き、応援団にも入り一応武道の練磨については安定したわけだが、生活の方は問題だった。兄弟の中で大学まできた者は私一人で、したがって当然苦学しなければやっていけないので、京都の阪井克巳弁護士の家に書生として住込み生活の安定をはかった。

これで、生活も落着いたので、立命館大学にも武道を中心とした集りを結成することを思いたち、武道が好きで堪らぬ連中ばかりを百名近く集めた。メンバーは一応揃ったので、道場を設ける場所があればよいわけだ。といって稽古のできるような家など何処にでもあるわけではない。そこで思いついたのは壬生の新撰組屯所跡である。

幕末の文久三年、京都市中警衛のために新撰組が屯所を開いた豪家八木源之丞邸は京都市内綾小路通坊城角に今も現存しているが、この道場付の広い屋敷は恰好の場所であった。そこを借りる事に決めた。金のないわれわれだが、一同の心意気を示してぜひとも無料で提供させようと、鼻息も荒く八木邸を訪ねてみた。

当時邸には安田さんという七十才をちょっと越えた位の小柄で品の良い老婆が一人で留守番を引受けていた。このお婆さんは変り者で評判だった。

これまでにも随分借家を希望した人が訪ねてきたが、いずれもこのお婆さんが口先を尖らせて「フウー、フウー」といかにも汚わらしいものでも吹き払うようにして断わるのだそうで、「あの婆さんに吹かれたら話は駄目だ」ということになっていた。後で分かったことだが、人の邪気を敏感に覚る一種の霊能力を備えていたものらしい。

私も、友人達に、「あの婆さんに吹かれたら道場もあきらめるんだな」といわれながら行ったのだった。

ところが、どうやら私は合格らしい。安田のお婆さんが私の顔を見て吹くどころか、シワだらけの顔をほころばせてニコニコしている。

「お婆さん、ぜひ私達の武道修業に、この道場を貸して下さい」というと、

「ウン、あんた方ならよいでしょう」といって、ニコニコしながら、「家賃はいらないよ」ともつけ加えていうのである。

大変ありがたい。では早速と、友人達に知らせて、荒れていた道場を出来得る限

りの修理をした。しかしあまり金もないものだから、畳を取り換えるところまで行かず、そのまま放置しておいたら、稽古の時にモウモウと幕末以来の埃りが舞い上るのだった。

剛柔流道場昭和新撰組の看板揭げる

武骨者の道場兼集会所ができたものだから、品よく澄ました京洛にたちまち評判となって噂が飛び、わざわざ覗きにくる者、見物して行く者とひどく賑やかになってきた。

羽織、袴で肩そびやかしながら都大路を濶歩し、道場では昼も夜もなく激しい稽古の気合の大声が近所の人々を驚かせた。

私は、顔ぶれの揃ったところで、「昭和新撰組」と名乗りを挙げ、間口七間の正門に「剛柔流空手道拳法道場壬生屯所」と大書した大看板を揭げた。

血気盛んな連中が徒党を組んでわがもの顔で京都市中をのし歩くので、当然敵対するものが現れた。京都武道専門学校の学生と、地回りのヤクザ連中であった。

当時、空手は一般武道の中に認めてもらえなかった。それで武道界の権威である「武徳会」に空手を加えてもらいたいと私は盛んに運動していた。そんなことも絡まって、武道専門学校の学生達は、空手などわけの分からんものを武徳会に加えるとは生意気な、という反感もあって、ことごとに対立状態にあった。

また私の方も、武道に対する考え方は強さだけが総てであると思っていたから妥協を許さぬ激しい闘志だけが、異常に燃え盛り、猛々しいばかりの雰囲気を体中にみなぎらせていたに違いない。まあーいまにして思えば、これも若さからくる求道心の現れであり進歩する上に必要な一つの段階だったのであろう。とにかく殺伐な心境であったから、身辺にはいつも血なま臭い事件が多かったものである。

市内で、地回りのヤクザと肩がふれ合い、とたんに派手な大立回りとなったり、武専の腕に覚えの学生から挑戦され、望むところと、決闘同様の果し合いなど、数え挙げるときりがなかった。

毎日、京都の何処かの街角で、われわれ新撰組と、ヤクザ連中か、武専の学生と乱闘したものである。だが、われわれは暴れるだけではなかった。私は京都御所を護る立命館禁衛隊の分隊長を兼ねていた。

天皇陛下が西下されて御所に御泊りになられる時は、その禁衛警護の任に当るのが立命館大学の学生達による禁衛隊なのである。この慣習は、そもそも西園寺公望公が京都御所清和門前に勤皇志士を育成する目的で私塾立命館を創立した当時からの伝統なのである。私が立命館を選んだ理由の一つにはこうした校風を慕ったからでもあった。

討幕の官軍が行軍中に吹奏した「山国太鼓」と呼ばれる行進曲は、官軍があらゆる儀式に使用していたが、それを立命館大学が継承して式典や御所禁衛の時にそのまま行進曲としていたのである。

京都の街を行進する隊列の先頭には立命館に連綿として伝わる〝禁衛隊旗〟を翻し、

「ピイヒョロ、ドンドコドン――」と鼓笛の音も勇壮に粛々と進んで行くのである。そして制服の上から真紅の陣羽織を羽織り、白の角紐で腰のあたりを締め、頭には維新当時、官軍の将校が冠っていた毛が背中まで垂れる白い毛のシャグマをつけ、私は紫の絹地を紅色の房でふちどり、旗面に〝天賜、立命館禁衛隊〟と金文字で描かれた隊旗を捧持して音楽隊の先頭に立って行進したものだった。

私の青春時代を飾った誠によき時代であったと思う。

空手が武徳会に認められ、義方会に参加

武徳会に空手を編入する問題はなかなか解決しなかったが、幸いに武徳会の幹部の中で、空手に理解を示してくれた人がいた。

武徳会柔道部の福島清三郎先生であった。福島先生は当時、京都市左京区大久保町に義方会道場を主宰していた。

胡井剛一八段をはじめ牛島辰熊氏など武徳会幹部で今も柔道界の長老として重きをなしている諸先生が名を連ねていた義方会は日の出の勢いだった。福島先生は従来の柔道に空手のようなものを取り入れたらよいのではないかといった考えを持っておられたので、私を大変可愛がって下さった。

「山口君、昭和新撰組も面白いだろうがもう引払って武道一筋に生きたらどうか、血気に任せて、市中で派手な立回りをするのももう卒業して君は剛柔流空手道を振い興し給え」

こう福島先生に諭された私は壬生の新撰組屯所を引上げて、先生のお世話で義方会道場の隣に「振興館」の看板を掲げて本格的な剛柔流空手道場を開いた。

そして間もなく、福島先生の尽力のお陰で、武徳会で空手部が設置される認可が下りたのである。これで空手は正式に日本の武道として認められ、私の宿願は叶ったのであった。

それにこれを期に空手が当時まだ「唐手」という字が使われていたのを正式に「空手」と改められた。

私もこの際尊敬する福島先生の率いる義方会に、私の門弟と共に改めて入会して、義方会道場の空手部として再発足したのである。またそれと同時に立命館大学当局に対して、空手部を認可してくれるよう要望書を提出したのだった。ところがこれは拒否されてしまった。たしか当時大学で空手部のあったのは慶応大学だけではなかったかと思う。

それで、私も武徳会で正式に認可している時でもあり、大学にもぜひ空手部設置を認めてもらわねば、立命館大学の学生としてもこのまま退き下るわけにはいかないので、派手なデモンストレーションを実行した。

ある日、校門の前に練習に使う巻藁を付けた杭を横列に十数本並べて突き立て、皆が交互に一日中に巻藁を拳で突いていたのである。

数日経て、門前を通りかかった中川小十郎総長がそれを見て、あれは一体なんだ、ということになり、一応われわれの存在を中川総長に認識させることに成功した。

その後、外部からたびたび左翼学生がビラ配りに学内に侵入して来て大学当局も対策に頭を悩ませていたのをわれわれが警備して、ことごとく摘み出してしまったので、更に中川総長の耳に入って遂に空手部の設置を正式認可されることになった。昭和五年である。

こうして剛柔流空手道の普及徹底に努力していたが、苦学生生活の方も相変らず多忙であった。

弁護士の書生として生活する一方、義方会空手道場、立命館大学空手部の教授、応援団の団長として団員の指導など、それに大学の相撲部その他にも関係しておりその世話などで寸暇も無い状況であった。たとえば、大学で新年度になると各部とも大学の予算を少しでも余計に取ろうと苦心するが、私が大学側に受けがよく特に予算を握る体育会委員長の谷口勝一氏（現、剛柔会相談役）とは仲が良かったので、各部の主将が私に予算の請求を頼みに来るほどだった。私の取った予算で立命館にボート部が新設されたこともあった。

島原遊廓明渡執行でヤクザ橋本組と対決

ところで、ある時、私の世話になっている阪井弁護士の友人で島原遊廓の家賃滞納の件で家屋明渡の強制執行の判決を取った弁護士がいた。ところが島原遊廓は以前からヤクザの威嚇で治外法権のように、どんな明渡執行もできないので有名だった。

阪井先生がその友人の弁護士に、

「私のところの山口君ならどんな執行でもできますよ」と私の自慢をした。

その友人は困っていた時でもあるし、早速、「ぜひお願いします」と私に頼んできたのである。

私は法科の学生なので、法律の知識も多少あったし、持って生まれた正義感も手伝って、

「法治国家でありながら法の執行ができないとは、とんでもないことです。喜ん

でやりましょう」と進んで強制執行を引受けた。

島原遊廓は、近辺一帯に勢力を持つヤクザ団体橋本組の縄張りで、何かあると、ここの子分共が一斉に飛び出してくる仕組になっていた。

私は、ヤクザ相手では普通の人夫では役に立たないので、京都三条の「水平社」に手を貸してもらうことにした。

以前、私の門下生達が、この水平社と衝突して大立回りをやって、落着後は仲直りをしていたので幹部などに顔見知りが多かった。それで、五十人程貸してくれと申込んだら、島原遊廓の明渡執行と、橋本組をやっつけるというので、大喜びで手を貸してくれることになった。水平社と橋本組は、犬猿の仲だった。

執行の当日、水平社の五十数人を連れて乗り込んで行くと、ちょうど親分の橋本は留守だったが、三階建の建物の上から家具などをどんどん降し始めた。保管換えといって、差し押えた品物を倉庫に一時収めておかなくてはならない。家具調度品はすべて外に運び出して差押え封印を貼りつけ、もう少しで終ろうとする寸前、急を聞いて橋本とその子分共六十人ばかりが血相変えて駆けつけてきた。

遊廓の百畳敷きの大広間に、橋本組が六十人ほど、反対側に私と五十余人の水平社の連中が並んで睨み合いとなった。執行吏達は皆小さくなってオロオロしている。双方殺気立って正に血の雨が降らんとしている。

暫く睨み合いがつづき、私もこれは一戦は避けられないぞと覚悟を決めた時、橋本組の親分である組長が血走った眼をつり上げ懐に片手を入れて匕首の柄を握りながら、前に出てきて、

「これをやったのはどの野郎だ！」と怒鳴った。

「俺だ！」

私も前に進み出た。そして、

「俺は立命館の山口という法科の学生だが、法治国家のわが国で、法律の執行が出来ない場所があるというので憤慨してやったのだ。この島原遊廓は昔から執行をさせたことがないので有名だそうだが、今日は俺がその記録を破ってやるんだ」

大きな声でこう怒鳴ってやった。

私の周り、水平社の連中と、相手方の橋本組の子分共がいずれも殺気をおびて一触即発の勢いなのを背中に痛いほど感じながら組長に対する。

脅しも利かぬ私の固い決意を知ると、組長は、やや下手に出て、

「俺の親父の代から橋本組は島原ではたいした顔といわれてきたものだ。それが俺の代から執行が入ったとなると、面目丸潰れだ。どうだこのところは、俺の顔を立てて執行を止めてくれ」と、頼むようにいう。

こういう組長の顔を見て、私もちょっと気の毒にもなったが、いや変な同情は禁物だとそんなことは出来ないと言下に断った。

「それでは執行によって家屋の明渡をされたという形は止めてくれ、俺達の方から自発的に明けるから封印を剥してくれ」と頼んできた。

しかし、封印は剥すことはできない。

「封印はしてしまった以上、剥すことはできないから一部執行延期として十日間を置こう、その間に自発的に明け渡す、という条件を受け入れろ」というと、橋本組長はすっかり観念してしまった様子で、

「俺の顔が少しでも立つなら、そうしよう」と納得して引き下った。

物陰でビクビクしていた執行史達は、ホッとした表情で出てきて、早速書類の作成にかかる。島原遊廓明渡事件も、これでどうやら血を見ないで無事収まり、私も「まあよかった」と一息ついた。

鞍馬山の荒行

剛柔流開祖宮城長順先生の教えで発奮

粗暴で強くなることだけが目的みたいだった私も昭和六年、立命館の同窓生与儀君の紹介で「剛柔流開祖」宮城長順先生に対面して、指導をされるようになってからすっかり変っていった。

武道を通じての自己の使命というものを、自覚するようになったのである。

自分の幼少から現在までを振り返えってみると、武道の修業は強くなることだ、とのみ信じ込み、粗暴をほしいままにしてきた私であったが、宮城先生を知り教えを受けるにおよんで、自らの至らぬ浅薄さにつくづく恥かしくなり深く反省するのであった。

当時、宮城先生は四十代で、上背は私よりもはるかにあって、筋骨逞しく重厚な方であったが、それでいて子供もなつくという温味のある、真に人間として円熟の域に達した武道家であった。

宮城先生の〝息吹〟は実に豪壮なもので、凄味さえあった。獅子が唸るような響きを持ち相手の心の奥底までも威圧する迫力の込もったものである。

この凄まじいばかりの息吹は、先生が沖縄で修業している頃、台風の夜に海岸へ出て、荒れ狂う風雨の中を海に向って三戦（サンチン）の構えをとり、吹きつける風雨に息吹が消されぬよう苦心して鍛えたものだという。

また、先生が技も体力も気力も共に全盛の時分、両手で牛の背中の皮を掴み、そのままベリッと紙でも剥ぎ取るように毟り取った、という話も伝えられている。

武術の技量も人格も、あれほど見事に調和された先生はまさに〝道〟に到達した、真の武道家だった。終戦後、激しい戦火で廃虚となった沖縄に在って不遇のうちに昭和二十八年、六十五才で亡くなられたが、いまなお先生への追慕の念は新な感激を以て胸に迫るものがある。

さて、私が幼ない頃、郷里で大工の丸太さんから手ほどきを受けた剛柔流は、約十年を経て、その開祖から直接教えを受けることになった。

宮城先生には隔月毎に沖縄から出張して教授していただくようになった。

剛柔流宗家を継承、剛玄と名乗る

そして、ある日、威儀を正した先生は私に剛柔流の継承者となることを命ぜられた。

私の本名「山口実美」を剛柔流の本を正すという意味で「山口剛玄」と名乗るようにとも先生からいわれた私は感激でいっぱいだった。

「山口君、もう君は立派な剛柔流の継承者だ。これ以上私は君に教える何ものもない。後は、君自身で技の修練はもちろんだが、人格の陶冶に心掛け、剛柔流宗家の山口剛玄として内地での普及に活躍してもらいたい」

宮城先生の言葉に、私は剛柔流継承者としての責任の重大性を認識、それが遂行の使命感に生きることを改めて自分自身に誓うのだった。

とかく粗暴で軽薄な振舞の多かった私は、この時から単に技の修練だけでなく、むしろ人間的な完成を目指した修業に努力しようと決意したのである。

そして、私はたびたび鞍馬山などに籠って、滝に打たれ、自己の内面の充実に一心不乱、神に祈りを捧げるようになるのであった。

元来私は、幼い頃より神仏に手を合せる心の喜びは持っていた。それが更に進んで目に見えない神秘的なものに心惹かれるようになったのは、壬生新撰組屯所にいた時の留守番の安田婆さんの影響が大きかったのである。

安田婆さんは、いつも口の中でお経を唱えていた。ある時など庭の古井戸の淵に座り込んでしきりに何かを拝み経をあげている。私が、「何をしているのですか」と聞いてみると、婆さんが語るには、

「昔、新撰組が活躍していた時分、この屋敷内で切腹を命じられた者、内輪もめで切り合い殺された者、或は捕えられて殺された者などの死骸を何十体となくこの大きな古井戸の中へ投げ捨てていたので、そうした浮かばれない亡霊達の存在が私には感じられるのです。それでその供養をしてあげているのです」というのである。

不思議なことにこの婆さんが古井戸の淵にしゃがんでお経を唱え始めると、その周辺から百匹近くはいると思われる蛇が群り出て来るのであった。

そして、時たま婆さんは、

「今日はこんな昔の服装をした婦人と侍の亡霊が成仏しましたよ」とか、

「身許の分からなかった霊が分りましたよ、これはこういう事情でこんな死に方

をしたのですよ」などということもあった。

その安田婆さんは、時折り私に九字の切り方、印の結び方、呪文の唱え方などを教えてくれたので、神秘的なものに対する関心はますます強くなり、日頃、暴れ回っていて蛮カラな学生生活の息抜きをするような気持で、京都の鞍馬山に籠って瞑想にふけったり、断食を試みたりしていた。そんなわけで従来の信仰心と山籠りは好奇心が半分以上を占めていて、大した意義は持たなかったのだった。

心気一転人間完成の修行に励む

しかし、私が剛柔流に対する使命感を自覚して、宮城先生の稽古を受け、先生の人格に触れてからというものは、山に籠って修行するについても、その心構えは大きく変化していった。まず人間的に成長しなければ、と痛感していたから、自分の心が真に納得し満足するものを、自分の身を以て究めたい意欲に燃え始めたのである。

そして暇のある限り、鞍馬山に入り滝に打たれ、深夜岩上に一人静座して夜を過すなど、自己流の苦行を始めるのだった。そのうち同じように行じている修験道の行者達とも知り合い、若い学生なのに変った奴だと思ったのだろう親切にいろいろ面倒を見てくれて、行の作法を教えてくれたりした。断食をしている間は松の葉を噛みながらなるべく歩くようにすると松葉の苦汁がとても体に効くことや、ふきの葉、松の甘皮、木の実など山中の食物の摂り方も教わったのである。しばらくすると滝の行などでは体力にもの言わせて行者よりも頑張るので彼らが驚いていた。しまいには行者達も到底及ばぬような荒行をするようになっていたのである。

ゴウゴウと絶え間ない音をたてて滝水の落下している滝壺の中に飛び込み〝三戦の構え〃をとって全精根をふりしぼり落下する滝水を五体で受け止めるのである。

その時に心の中に少しでも雑念が浮かんだりしようものなら五体の緊張の極は破られ落下する水の重みで滝壺の底に叩きつけられてしまう。

両眼を見開いたまま三戦の構えをとり、滝の轟音を圧倒するばかりの息吹を以て五体と精神の完全な統一ができた時には、滝の音は耳に入らず落下する水を全身で受け止める、いわゆる〝不動の三戦の構え〃になっていたことを体験したものであった。三戦の構えの完璧なものはこうしたものであり、精神と肉体の統一により平常出ない力を出し尽すことが三戦の構えの本当のものなのである。

私は私なりの行によってこれを会得したのであった。山中での荒行を度重ねるにつれて好きだった酒、煙草、一切の娯楽を止めてしまった。苦しくなり里が恋しくなっても帰る気がおこらないように眉毛を剃り落して山中に入ったことがあったが、予定の日数を経て帰る時になっても眉毛はなかなか生えず閉口したこともあった。

一心不乱に行を重ね始めてからというもの、私の人間性が大きく変って来たのを自覚した。軽薄で暴れる事では人一倍の粗暴な私だったが、落着を取戻し、空手道を通して自分の人生を真剣に考えるようになってきたのである。

生活の基礎確立に司法書士の資格をとる

こうなると生活の面も改革しなくてはならぬと思い、自由時間の少い書生生活を止め生活の自立を考え始めた。法科の学生であり、弁護士の書生として実務もしていたから法律関係の簡単な書類作りなら自信があったので、司法書士の資格を取得することに決めた。その頃、同窓の田中伊三次氏（現、衆議院議員、法博）も在学中に弁護士の資格を取り学生弁護士として評判だったから、私もそれではと思い立ったわけである。

私はきっぱりと書生を辞め阪井弁護士の所を引き払い司法書士の試験を受けた。そして友人の山藤君と下宿生活を始めた。そのうち当然司法書士の認可が来ていい時分だのに仲々来ない。金はないから食事も出来ない、体を動かすと腹が減るから毎日布団をかぶって寝ていた。三日目頃だったと思うが山藤君がどうも山口は飯を食うていないらしい、と心配し始め友人の西田博君（現、経理事務所長）に相談したものらしい。西田君も苦学生で「エリー」とかいう乳酸飲料の配達をしながら学校へ行っていたが、その彼がやって来て「山口君、ちょっと僕と一緒に来てくれ」という。

どこへ行くのかとついて行くと彼の配達先である食堂に行き「おじさん、今日から山口君に飯を食わせてやって下さい」と言って私に飯を食わせてくれた。飯を食わぬのは断食で鍛えているからというものの自発的に断食をするのと、やむを得ずやるのではえらい違いだった。断食を一週間するのよりもこの三日間の方がはるかに辛らかった。この時につくづく友情のありがたさを身に沁みて感じたのだった。

しばらくして待ちに待った認可が来た。大喜びで裁判所の真向いの店先を借りて代書事務所を設けた。夜間部に通っている渡辺君というのが昼間事務所で注文を受付て、学校を終えた私が晩に書類を作りあげ、翌日に渡辺君が手渡すことにして大分仕事は繁盛したから、どうにか大学は卒業できたのである。専門部に三年、大学に六年、昭和十二年に八年がかりで立命館大学を卒業した。

満洲国の人材養成に奔走、日満高工設立参画

卒業後も、相変らず京都の下宿にいて剛柔流の普及に努めた。福島清三郎先生の義方会道場に全国から集ってくる武道家を通じて剛柔流は次第に普及して行った。

そして一年は経過したがその間に中国、満洲を舞台としてアジアの風雲は急を告げていた。昭和六年八月には中村震太郎大尉殺害事件が起こり、九月には奉天、北大営附近、柳条溝における満鉄線爆破事件をきっかけに〝満洲事変〟が勃発し、関東軍は数ヵ月の間に張学良将軍の抗日軍を撃破して、翌昭和七年三月には満洲国建国の宣言を世界に広布したのであった。日本のこうした大陸政策は端的に言えば日

露戦争によって獲得した満洲の権益を確保するための自衛手段とまた北方からの先制攻撃に備えての事と二つの意味をもっていたのである。満洲を属国化するなどといったものでは決してなく、満洲を日本の盟邦として日、漢、満、蒙、鮮の五族協和の精神に立って満洲人を中心とする王道楽土の建設の大理想があったのである。

この大理想の発案者石原莞爾将軍とは学生時代から知遇を得ており、石原将軍の満洲建国の理想、アジア経綸の抱負には剛柔流二百人余の門弟と共に当時から共鳴していたのである。

ある日、福島先生から日満高等工業学校設立の話があった。

中国大陸で新しく誕生しつつある満洲国の建国に必要な青年技術者の養成を目的とする高等工業の経営に参加して併せて教官をやってくれというのである。秋田市の茨島町に五族協和の精神に従って五ヵ国の子弟を収容した。私は情熱に燃え理想を胸に描いて生徒の教育に打ち込んだ。

まもなくして、私には石原将軍を介して秋田鉱山学校を母胎として満洲国の鉱山に派遣するべき、技術員養成所を建設する使命が与えられた。そうした結果、日満技術員養成所が設立した。そして、秋田鉱山専門学校と日満技術員養成所に空手部が設けられ、後年秋田県内に於ける剛柔流の発展がみられることになるのである。

日満技術員養成所の創立を完遂すると、今度はその種の技術員養成所を京都市内にも創立せよとの命を受け京都に帰った。命じたのは石原将軍と立命館の中川小十郎総長であった。三人で相談が終ると上京して満洲国協和会の東京事務局長浅原健三氏(『熔鉱炉の火は消えた』りで有名な日鉄八幡のストライキの指導者でその後転向)を訪れ、中川立命館総長と石原将軍の意を伝え、浅原氏は安倍鹿造氏(戦後浅草十二階を築き現、国際放映社長)と計り満洲国政府や関東軍司令部に対して交渉をすすめ、京都、等持院に石原将軍、福島清三郎範士、中川博士らの〝大アジア精神〟を標傍する〝日満高等工業学校〟(現在の立命館大学理工学部)が創立されたのである。

第二章　満蒙時代

壮途

石原将軍に満洲行を説かれる

昭和十三年五月、端午の節句も過ぎたある日、私は京都師団長石原莞爾将軍に招かれた。

将軍はその時舞鶴要塞司令官から京都師団長に転任してこられたばかりであった。

当時、私は前章で述べたように、新興の意気に燃える満洲国に有為な青年を育成するため、秋田と京都において、日満高等工業学校の設立に参画、その経営と生徒の指導に当っていた。

私は早速石原将軍を官邸に訪問した。

将軍は、「山口君、君の奔走で有為な青年が次々満洲に行ってくれて大変ありがたい。だが、人材を送り込んでくれるだけでなく君自身が行ってくれないか、満洲国は君のような人物こそ待ち望んでいるのだからぜひ現地へ行ってくれ給え」

私の顔を見詰めてそういわれるのである。

「ハアー」といって私は黙っていた。満洲にはぜひ行ってみたいが、まだ内地にやりかけた仕事がある。ちょっと迷って即答できずにいた。

「山口君、いろいろ都合もあろうが、実はもう、君のことを現地に話してあるのだ。向うでもぜひ、来てもらってくれとの要望がきている。どうだ国家のために現地に行って活躍してくれぬか。君でなければやれない仕事があるのだから、なんとか早く行くようにしてくれ給え、君の命をこの石原に預けたつもりでな……」

将軍の声が一段と強く私の胸に響いた。

——私でなければやれない仕事——よし!

「閣下、行きましょう」

私は将軍の目を見詰めていった。もう自分の身辺の些細な都合はどうでもよくなった。日頃尊敬する将軍からこうまで見込まれれば男冥利に尽きるというものだ。

将軍には、私は立命館大学の学生時代からすでにお世話になっていた。剛柔流の公開試合、演武会などには何をおいても出席して下さったし、私の方でも何かあれば真っ先に将軍の許にかけつけたものである。

将軍が舞鶴から京都に転任せられた際にも、その移転は全部私の道場の門下生がやったほどだが、将軍はこうした引越しなどには絶対に兵隊を使わない人だった。そういう点も私の尊敬するところであった。

余談になるが、この引越しで朝鮮出身の門下生曺寧柱君が将軍に認められた。曺君の仕事ぶりを見ていた将軍が、この男は見処があると目をかけるようになり、その後曺君は石原将軍の身辺にあって薫陶を受け、将軍が東亜連盟を結成されるや、大いに活躍するのである――現、全日本空手道剛柔会副会長曺寧柱君である。

私は将軍の人間的な面に傾倒しただけでなく、将軍の満洲国建国の理想についても大いに共鳴していた。将軍の持論である、いずれ世界は最終戦争時代に突入し、それから平和的統一世界が実現する。そうした大変革に対処するためアジア諸民族の大連合が必至の課題となる——そのためには満蒙問題の解決が基調となる——とする意見には全く敬服していた。それだけに将軍が指導的役割をなして昭和七年建国した満洲国の理想が、日、漢、満、蒙、鮮の五族協和によって王道楽土を実現する、とあったのには大変感激、若い血をたぎらせたものである。そのため私は大学を卒業するや率先して新天地満洲国の建設に協力するために奔走していたのだった。

満洲行を約した後、将軍は長時間にわたって時局に対する御意見を聞かせて下さった。

「山口君、満洲国を利権屋の好餌にしちやいかん、絶対にいかんよ、最近そういうくだらん連中が大分行ってるそうだね。建国の理想も、そんな奴らに壊されてしまうのは残念なことだ」と憤慨されていた。また拡大されつつある支那事変に対しては、沈痛な表情で、

「これ以上拡大しちやいかん、早く事態を収拾しなければいかんのだ。日本にとってもアジアにとっても不幸なことだ」としみじみと語られた。

ちょうど支那事変が昭和十二年七月七日、北支那の蘆溝橋で勃発して一年になんなんとしていた。戦火はたちまち支那全土に拡大され、日本軍は早くも首都南京を

占領して戦勝に酔い痴れていた。近衛内閣は国民政府を相手にせずの声明を発表して一路長期戦に突入しているときである。

将軍の世界最終戦争論の立場からすれば、満蒙は独立し、そこに王道楽土が築かれ、アジア諸民族の希望の星とならねばならぬ。そして真に満蒙に王道楽土が建設されるならば日支提携の道は却ってそこから開ける。と見ていただけに、支那事変の勃発は泣くにも泣けぬ終生の恨事だったに違いない。しかも戦火は北支にとどまらず、たちまち支那全土に波及していたのである。将軍の胸中いかばかりか察するに余りあるものだった。

また将軍は、「どうも先の見通しのつかない我利我利亡者のような連中が、国策を左右するので日本も大変なことになるぞ」とも嘆かれていた。

官邸を辞した私は、帰途自然に身のひき緊るのを覚えた。「よしやるぞ」憧れの満蒙大陸で思う存分活躍してやる。剛柔流で鍛えた自分を、お役に立てることが出来るのだと思うと、武者震いせずにはいられなかった。

その夜、道場に戻った私は深更まで一人で三戦（サンチン）、転掌（テンショウ）の息吹を繰り返していた。

石原将軍はすでに私のことを現地の協和会に連絡済みだった。

私は将軍のお陰で面倒な手続は一切抜きで早速満洲へと向った。剛柔流門下の人々の見送りを受け、朝鮮経由で満洲国に入り、新京に着いたのは、将軍に満洲行を約してから間もなくだった。

北満、黒竜江省に赴任

市協議会議長と特別任務とを兼ねる

新京に到着した私は、すぐに協和会本部に出頭した。

協和会というのは一国一党のいわゆる官民一致の公党として満洲国と共に結成された団体で全満各地に地方事務局が置かれ、五族協和、王道楽土のスローガンで政府と一体となって教化宣伝を行なったものである。その反面には関東軍の密接な指導の下に軍事的、特務的な活動もしていた。私にはその後者の方の任務、即ち軍事的、特務的任務が主として与えられたのである。

任地はすでに協和会本部で決められていた。満洲でも北端の奥地で、且つ治安の悪い黒竜江省である。私は協和会の地方事務局処在地であるチチハルを根拠地として任務に就くことになった。

現地に着くと、そこには思いもかけず拓大出身の平山という豪傑が待っていた。彼とは東京で、青年を満洲へ送ることでしばしば会っていた。そして大いに意気投合した仲である。

「やあーお待ちしてました。貴方が満洲に来られると本部で聞いたものですから、他処でぜひにというのを、僕が強引にこちらへ来ていただくようにしたのです。貴方が来てくれたので本当に心強い。いろいろお願いする仕事がありますす」

「いやァー久しぶりですな、よろしく頼みます」私は挨拶も早々にして、早速仕事の内容について聞いてみた。

「貴方でなければやれない仕事です。誰でもやれるというのではないのです」と、平山君は私に正面的には満洲国建国の理想である五族協和、王道楽土を築くにあたって、各地方における市民の協議会の普及と行政の徹底、指導などをやることになっているから、私にチチハルの市協議会議長をやってくれという。その実私のもう一つの任務として、馬賊、匪賊の宣撫、帰順工作、共産匪の情報蒐集など、それに此処はソ連、外蒙と国境を接しており、ソ連系密偵の潜入も頻繁なので、重要施設の防衛もしなければならず、むしろこうした仕事の方が山口さん、貴方の主役なのだ、と微細にわたって説明してくれた。そのうえ敵味方の密偵が入り乱れて暗殺、謀殺などもありますので充分身辺に気をつけてもらいたいということもつけ加えてくれた。なるほどなかなか危険な仕事のようだ。だが、それだけにやり甲斐のあるというものである。

幸い私は、日頃武道と信仰のために、滝に打たれ断食するなど、荒行を積んで来たお陰で、いつどのような処にも平然と行けるだけの心構えは出来ていた。鞍馬山に籠った学生時代の修業が、今ここに自信を持たせてくれている。

こうして私は市の協議会の議長を勤めながら、たえずソ連密偵の潜入阻止とその摘発、情報の蒐集、満人に変装して奥地の部落に潜入して匪賊の帰順工作に奔走するなど、活動をはじめた。

私がすっかり現地の生活にも馴れ、特務工作も縦横にやれるようになった頃、ちょうど私が満洲に渡った満一年目の昭和十四年五月、ノモンハン事件が勃発した。

ノモンハン事件勃発、ソ連の工作員捕う

俄然、私の身辺はめまぐるしいほど多忙となった。軍事的情報の蒐集に重点を置いて日夜かけずり回り、特にソ連の密偵の動きが活発なので、たえず警戒を厳にして重要施設への監視を強化しなければならなかった。

こうした状況の中に、私の任務の一つに、チチハル郊外に渓々昂という重要地点があり、そこに流れる嫩江に架る大鉄橋を、ソ連の密偵、工作員から防衛する役割りがあった。

この大鉄橋は、むかしは富拉爾基（フーラルジー）鉄橋と称し、明治三十七年、日露戦争の際、この鉄橋を爆破してロシア軍の南下を喰い止めんと横川省三、沖禎介らの烈士一行が潜入したが、武運拙くロシア軍に捕われ処刑された、という因縁のある鉄橋である。むかしも今も変らぬ重要輸送路だけに、ソ連の密偵、工作員も当然狙うと思われた。

そこで私は部下を督励して警戒を厳にしていたが、私自身も満人に変装してたえず、その付近を見回わっていた。

七月のある日、昼間の灼けつくような暑さも嘘のように冷え冷えとする夜、午後十時頃だった。私はいつものように周囲に鋭い視線をくばりながら、さも散歩でもしているように嫩江の草の生い茂る土手を歩いていると、草の影からちらりと人影が見えすぐ消えた、私はこれは怪しいと直観して、はやる気持を押えながら何気ない風でぶらりぶらりと、その人影の消えた草むらへと足を進めた。月に薄い雲がかかって暗いが、私は夜間山中で修業を積んでいたお陰で夜目は猫のように利く。

居た。二人の満服を着た男が座り込んでいた。「今晩は」と声をかけると、二人ともハッと驚いて腰を浮かしている。「あんた方は何処の人達だね」重ねて問うと、一人が眠れないんで散歩に来たんだという。どうも怪しいので市のものだが、一緒に来てくれというと、顔を見合せてるようだったが、頷ずいて立ち上った。その立ち上り方に危険を感じて、猫足で構えると懐から拳銃を出そうとしている。咄嵯にその手を蹴り上げて拳銃を落し、そのまま踏みこんで正拳で倒した。もう一人はあわてて逃げんとするを押え込まんとしたらナイフ様のもので突いてきた。これも簡単に手刀で叩き落して捕えた。

「ウーン」と唸ってうずくまっている二人を手早く押えて体を調べたところ、格別に何も持っていない。ひとまず憲兵隊に連行して調べてもらったが、なかなか口を割らない。それでも二、三日したらすっかり白状したそうだ。それによると、やはりソ連からの工作員で、鉄橋の内偵に来たのであった。爆薬なども別の隠し場所から見つかった。二人ともソ連で教育されて潜入してきた共産党員だという話であった。

これははからずも私が満洲へ来ての剛柔流一番手柄だと笑ったものだが、これが後に歳月を経るにしたがって、危険も増大するし、とてもこんな簡単に敵を片づけられるものではないと悟るに至った。私自身が常に生死を賭してたえず緊張しながら任務に就かなければならなくなるのである。

こうした中でも空手剛柔流の修業はつづいていた。満人の弟子も何人かいた。彼らは私の手足となって実によく働いてくれたので、お陰で私の任務は着々と成果を挙げていった。

九月になってノモンハン事件は停戦協定が成立して終った。四ヵ月余にわたった日本軍対ソ連、外蒙軍との攻防は、日本の白兵戦とソ蒙の機械化戦との戦いだった。日本軍は勇敢に戦いながら機械化されたソ蒙軍に惨敗した悲劇の戦いであった。

戦車に向って瓶にガソリンを詰めてぶつけるという極めて原始的な武器の火焔瓶で戦う日本軍の話を聞くにつけ、また当時チチハルに次々と後送されてくる兵士達の血みどろの姿を見るにつけ、私は切歯扼腕(せっしやくわん)したものだった。

武道使節団を結成して内地へ

翌昭和十五年は、内地では紀元二千六百年の祝典である。この年は私にとっても嬉しい年であった。

満洲国では武道の使節団を送ることになり、私がその団長に選ばれた。私は全満各地を巡って、満人、蒙古人、朝鮮人、中国人、日本人の満洲国を構成する五つの民族から武道家を選びだして「東亜武道使節団」を結成した。

人員は七十人程だが、中国拳法あり棒術あり、青竜刀術あり、蒙古相僕ありでなかなか多彩な民族色も豊かな使節団である。

日本には約一月滞在して、その間、東京を始めとして、全国各地を巡ってその都度好評を博した。東京では飯田橋付近にあった日満会館(現、善隣学生会館)で朝野の名士を招いて演武したが、その際空手として剛柔流だけが参加、私と門弟が出場して大いに面目をほどこした。

使節団に参加した中で蒙古相僕は、特に珍らしかったのと、大変豪快なものなので評判だったが、その後も東京の神宮競技場で開かれた東亜体育競技大会にも招かれて出場していたようである。蒙古相撲というのは簡単にいうと、日本の相僕とは違って、土俵はないしガップリ取組むというのでもなく、頭と頭をぶっつけ合って、その頭のところで双方の腕を掴み合い、力の限り押し合いながら足払いやら蹴り合いやらで力の限り闘う、といったものである。

内地から東亜武道使節団を無事引率して戻ると、留守宅では次男が誕生していた。現在日本航空に勤務している剛仙である。彼はアメリカのステッチ大学に留学生として派遣され、勉学の傍ら剛柔流道場をサンフランシスコに開いて、長男の剛正と共に活躍した。

本渓湖で労務者対策

共産匪の工作員の潜入防止に空手道場

内地から戻って間もなく、黒竜江省から新京本部に転勤になり、本部で防衛関係を担当して、少年、青年、中年とそれぞれ義勇奉公隊を組織した。この時の動員手腕を買われて奉天省の本渓湖にある煤鉄公司に派遣され、ここで、大内という柔道四段の理事と肝胆相照らす仲となる。

その頃煤鉄公司では相ついで爆破事故が起きていた。原因不明となっていたが、明らかに共産匪の工作員が労務者の中に潜入して爆薬をしかけたものである。

私にこの労務者対策をやって再び工作員が潜入できぬようにしてくれ、というのである。

本渓湖に私が赴任すると、どうしたものか煤鉄公司の者は一人も迎えてくれない。どうやら本部から対策を講ずるために派遣された者を歓迎したくないらしい。

爆破事故が連発するので、ここの連中はその対策に大童（おおわらわ）となっているのだが、その最中に本部から人を派遣されたので面子が丸潰れというわけなのだろう。そんなケチな考え方が気に喰わないので、私は公司の事務局で大きな声で誰か役員を出せ、と怒鳴ると総務課長が申訳程度に現われたが、私が、一喝するとあわてて引込んでしまった。

そのうち体の大きな男が出てきて、うさんくさそうな顔をしながら、

「私は理事の大内ですが、貴方はここの協和会で何をしようというのですか」というのである。

誰がきても事故は防げないよ、といわんばかりの態度である。私は心中ムッとしたが、

「やる前からくどくど説明するのはいやだ。大体内部をしっかりさせないから事故を起されるんですよ」

「貴方はそれをやれるんですか」

「私には日満高工以来の教え子がこの公司に多数おります。やれる自信がありま す」

と、いうと、大内理事は私の顔をしげしげ見詰めていたが、

「山口さん、貴方は空手の山口さんですか」と聞く。私がそうですと答えると、破顔一笑、

「そうでしたか、武道家の貴方ならやれるでしょう、万事お任せしますから、いいようにやって下さい。私も柔道四段ですよ」と手を差しのべて握手を求めてきた。

それから大内理事とはすっかり仲良くなり仕事は一切干渉されず、私の思うとおりに進んで、再び事故の起されない体制をつくることができた。

日満高等工業時代の空手の教え子が約三十人ほど若手の技術者として働いていたので、彼らを中心にして剛柔流の煤鉄公司道場をつくらせ、現場の労務者達の間にも支部道場を持たせた（道場といっても別に建物までつくるのでなく、空手を修業するグループ）。そしてその要所要所に教え子を配置して、労務者達にも空手の手ほどきをしてやりながら細かい組織の網をつくり、不穏分子の潜入できない体制をつくり上げたのである。

私は、この煤鉄公司に約二年ほどいて、大内理事や教え子達、親しくなった満人労務者達と別れて、新しい任地間島省へと向った。

不穏な空気漂う間島省へ

物騒な地区へ私を呼んだ人は？

間島省、ここは豆満江を境に朝鮮に接し、東側はソ連の国境である。

むかしから問題の多い土地であった。たとえば大正九年の有名な間島事件があった。これは間島省の暉春で日本領事館が朝鮮の民衆によって襲撃され領事館は焼失し、邦人の死傷者数十名を出したというものである。

時代は変っても、治安事情は悪く、不穏の朝鮮人の多いことはむかしも当時も一向変らなかった。なにしろ金日成らの共産系の朝鮮独立運動発祥の地とまでいわれているところなのだからおして知るべしだ。しかも、人口の割り合いも朝鮮人が八割で満人は二割というほど朝鮮色の強いところで、潜在的に反日感情の濃い極めて危険な地区だった。

いよいよ赴任することになって一応新京の本部に顔をだして挨拶すると、わざわざ私を呼んだ人がいると聞かされた。「ハテ、こんな物騒な地区に呼ぶのは一体誰だろう」と聞いてみたが、現地に行けば分るといわれて、考え考え間島省に赴任した。支部事務局で旅装を解いていると、ここの連隊長から使いが来た。「お会いしたいのでおいでを乞う」というのである。疲れを休める間もなくそのまま出かけていった。

連隊長室に入ると、

「ヤアー待ってたよ」となつかしい声だ。

「ヤアー佐々木さんでしたか私を呼んだという人は」私はとたんに嬉しくなった。この人は以前新京の協和会本部で動員課長をやっていた佐々木清さんで、五・一五事件の裏面の関係者でもあった気骨稜々たる人物である。いつの間にか応召されて間島省の連隊長佐々木中佐となっていたのであった。

佐々木さんと私は、任地が違ったので頻繁に会うことはなかったが私が時折り本部に連絡に行く都度お会いして大いに論じあって意気投合していたものである。その後応召されたとは聞いていたものの、間島省で呼んでいる人が佐々木さんとは気がつかなかった。

「ここの協和会はなっておらん、いつ問題が突発するか分らん不穏な形勢にあるのに、何もしておらん、そんな連中は、他のもっとのんびりした地区に行ってもらったがいい。それで君にぜひとも来てもらったのだ」

佐々木連隊長はこういいながら、現地の事情について軍の握っている情報をかいつまんで聞かせてくれた。

それによると、この地区は予想以上に、対日感情が悪い、共産匪が出没して盛んに宣伝文など散布していくそうで、朝鮮独立運動の兆もある。なにしろ山また山の地理的条件も馬賊、匪賊の潜伏するにはもってこいのところである。

その夜久闊（きゅうかつ）を叙して佐々木連隊長が御馳走してくれた。私は武道と信仰への修行によって、酒も煙草も絶っていたので、家庭料理で歓待していただいたのは嬉しかった。

独立運動？　M君を熱誠込めて説く

私は早速次の日から活動をはじめた。なるほど調査すればするほどおかしい、モヤモヤした妙な空気である。もしかしたら、独立運動か、暴動でも起そうというのではないか、そんな気持がする。といって一生懸命情報蒐集に飛び回っても具体的なことはなに一つ掴めない。住民の朝鮮人も満人も正面は愛想がよいが、肝心な点は知らないの一点張りで、はなはだ口が固い。時々近くの山に匪賊が出没するが、たいした数でもないらしく、警備隊が出かけるともう何処かへ逃げた後だったりするていどである。

私は暫くの間、部下を督励しながら情報蒐集にやっきとなっていたが、いっこうに成果が挙らず行詰ってきた。

そうした時には私は、いつも空手の稽古に打ち込むことにしている。そしてその後には斎戒木浴して精神統一して神前に礼拝するのを習慣のようにしていた。

ある日、私は情報活動を離れて空手の稽古に打ち込んでいた。情報蒐集の方は相変らずかんばしくなくてスランプ気味だったのである。

そして事務局の職員や朝鮮人、満人の子弟達を集めて熱心に教えていた。その中になかなか勘も筋もよいMという朝鮮人がいた。

彼は協和会の一員で私の事務局に勤務していて、成績も非常に良く、優れた素質を持つ青年だった。

私はこのMを手許において何かと仕事をやらせていたが、いつもきちんとやるので、特に目をかけていた。彼も私によく親しんで、「先生、先生」といってなんでも気持よく仕事をしてくれる。よく冗談など話し合ったりして快活な青年だった。だが、最近彼は時々暗い顔をしている時があった。机に向っていてポツンとして窓の外を眺めていたり、考え込む風があったので、家庭にでも複雑な事情でもあるかと思ったが、そうでもないらしい。「M君何か心配事でもあるのか、あるならいってごらん相談にのるよ」と聞いたら、あわてて「なにもありません」と、笑って「腹がへったんですよ」と冗談いってごまかしてしまったこともあった。

そのMが、その日の空手の稽古にどうもいつもの迫力がない。この頃Mはどうかしているぞ。そんな彼を見ていて、私は「ハッ」としてもしやという気がした。そこで夜、Mを呼んで思い切ってこういってみた。

「M君、独立運動の動きがあるんだが、君は知らないか」

彼は一瞬「ハッ」とした顔をした。そこでつづけて私は、

「M君、君を信頼して話すのだが、どうも不穏なのだ、君の知ったところで独立運動を起そうとしているようだが、いま朝鮮の諸君が独立運動を起したらいったい

どういうことになると思う。関東軍にしてても朝鮮軍にしてもまだまだ健在だ。たちまち君の同胞は殺されるか監獄行だ。そんなことが分りきっているのに共産匪に煽動されて立ち上っても同胞を悲惨な運命に追い込むだけじゃないか。

君に民族を裏切れというのじゃない、この分りきった悲劇を未然に防止しようというのだ。どうだM君、君は優秀な男だからきっと独立運動の連中から話があった筈だが。問題が大きくならないうちに防止しよう。逐一、私に報告してくれないか、頼のむ」

私は誠心誠意M君を説いた。夜を徹して話合った結果、M君は晴々とした顔で「先生分りました」といって、未然に防止するために状況が悪化しないうちに報告することを約してくれた。私もM君に蜂起するような大事に至らなければ関係者の処分を寛大にすませてもらえるよう当局に働きかけることを約した。

M君は、

「朝鮮の独立は民族の本能ですよ先生」といっていた。

「ただし共産主義の連中による独立運動はお断りですね」ともいっていた。

私は、自分が予想していた以上にM君が、勉強しているしものの判断力に富んでいるのにあらためて感心させられた。

「M君、憎まれ役だが頼むよ」といって手を握ったら、彼は「ハイ」といって手を握り返えした。

これからM君は実によく動き回って私に逐一状況を報告してくれた。M君はすでに独立運動を煽動した連中から声をかけられていて主要な役割りまでふりあてられていたのであった。

暁の一斉手入れ、大蜂起を未然に防止

M君から入る情報を分析すると、実に容易ならぬ状況であることがわかった。地元の憲兵隊やら警察関係では、どうも様子がおかしいがと感じるていどで、具体的なものは何一つ掴めないでいる。

私の方は全部の動きが刻々と入ってくる。然う斯うしているうちにこのまま放置しておいたらどうにもならぬところまで来てしまった。十一月三日の祝祭日に蜂起と日時まで決ってしまった。M君からは「早く検挙してこれ以上大きくならないう

ちに始末して下さい」と催促である。

関係者が次々増えていたのである。私も最早やこれ以上は放置できぬので、憲兵隊に知らせると、泡を食って、いますぐ手入れするとあわてていたが、蜂起寸前の当日早朝一斉手入れした。逮捕したもの四百数十名。その中には協和会の職員やら警備課に勤務するものもいるといった考えてもいなかった意外な人物が大勢入っていた。

私はその後関係方面に一部共産系の首謀者を除いた多くの人々の釈放と処分の寛大なることを頼んで回った。佐々木連隊長にも一部始終を話して、煽動者は厳罰に処するとしても、強制されたり、本能的に参加した多くの市民は、なんとか処分の軽くなるよう努力していただきたいと依頼した。佐々木さんも事情を聞いて、「なんとか私も手を打ってみよう」といってくれた。

私を信頼して嫌な役割りを引受けて働いてくれたM君との約束をなんとか果さなければならないと尽すべき手はつくした。そのためか、一応の取調べが済むと逮捕されていた市民の多くは帰宅を許されたので、私もホッとした。

その後、空手の方も満人、朝鮮人の子弟の門下生が増え、道場が必要となって、半官半民の費用で立派なものを建てたが、それから間もなく、私は間島省を後に共産匪八路が蠢動する熱河省に向うことになった。道場は残った私の門下生やM君が、教えることになっていた。

共産匪の跳梁する熱河省

密偵同士の謀殺、暗殺が日常茶飯事

昭和十九年、私は特に選ばれて熱河省で活動することになった。

ここは西に蒙古を控え、南は万里の長城を境に中国と接していた。治安事情は極めて悪く、馬賊、匪賊の跳梁が最も激しく、それに共産匪八路の密偵は至るところに潜入していた。

私の任務は熱河省でもかなり奥に入った承徳市を足場にして、八路、匪賊、馬賊の軍事情報蒐集と帰順工作、奥地部落の宣撫工作などだが、特に八路に対する情報を的確に掴むのが任務の中心だった。それだけに、私は表面は市の事務長となってはいたが寸時も油断はできなかった。

密偵同士の謀殺、暗殺が日常茶飯事におこなわれているのだから、常に身の危険を感じて緊張せずにはいられなかった。特に八路の密偵が随所に出没する、とあってはである。

当時、日本軍はこうした八路の密偵やら工作員から奥地の部落を守るため、農民の集団部落をつくり、部落の周囲に土塀をめぐらせ、自衛体制をつくらせた。そして奥地の方には無住地帯を設けてそこにいるものは全て匪賊と見なして射殺してもいいという布告まで出していた。

私は部下と共にこの集団部落の宣撫工作と敵情を探る情報蒐集をした。当然集団部落には八路や匪賊、馬賊達もが目をつけて密偵を潜入させていた。

この部落の中では、おたがい密偵と分っていても決して派手な射ち合いはせず、隙があれば生捕られるか密殺されてしまう。殺されても死体は持ち去って後に残さなかった。

私が赴任して三月（みつき）ばかりの間に部下が四人も行方不明になっている。いずれも集団部落に情報蒐集にいっていた間のことだった。死体はなかったがおそらく殺されたのであろう。

一人で敵の密偵が潜入する集団部落へ

ある日、私は集団部落へ一人で行くことにした。もちろん敵の密偵に狙われることを充分承知の上である。私の部下達は「事務長一人で行くのは危険ですから部下を連れて行って下さい」と止めたが、この時は私に考えがあった。

私が情報の責任者であることをおそらく敵は知っている筈だから、私を生捕りにしたら五十万から百万元の身代金を要求することができるし、また私の方のいろいろな情報も知ることができると思うだろう。その私が一人で行けば必ず捕虜にしようとするにちがいない。と、部下には「心配するな、いい土産を持ってくるから」といって集団部落への土産としてダーチョ（駄車）に綿布とパイメン（粉）、パイチュウ（酒）を積み込み集団部落に行った。

われわれが出張して行くといつも部落では大変な饗応をしてくれる。為政者へのお世辞なのだろう。

しかしこの饗応費は部落中で分担するのであるから、これではかえってわれわれの誠意が逆効果になる。そこで、私らは出張する時は必ずタバコ、綿布、パイメンなどを持ってこれを先方に与えることにしていたのである。

これらの物資は、当時としては大変高価なもので、たとえば綿布一反あればダーチョに野菜を満載して交換できるくらいだった。

そのお陰で部落の方では饗応費の分担がないだけでなく、かえってこれらの物資の配給を受けることになり、しだいにわれわれの出張を首を長くして待つようにさえなった。

そのとき私が行った集団部落は承徳からはだいぶ奥に入ったカラチンという小さな町から人も動物も見えないような広漠たる曠野を一日がかりで行ったところの部落だった。ここは常に八路の密偵が出没するところで、私達が日頃からマークしていた部落である。

私はダーチョを急がせて部落に入ると、部落長らが愛想よく出迎えてくれた。早速ダーチョの物資を渡してやると、私の方に誰もいないので、さすがに部落長も驚いたらしく「隊長さん一人できたか」と目を丸くした。

敵の密偵三人を一瞬蹴り、肱打ち、手刀で倒す

部落長の家で疲れを休め、夕闇が降りるころを見はからって、私はぶらりと家の外に出た。すでに昼間部落に着いた頃から私には気がついていたのだが、私の動きに何処からともなく注がれている見えない目を感じていた。

私はわざと人影の無い、土塀の門の外に出て裏手に回ってみた。

と、突然私のうしろから二人の男が躍り掛ってきた。私の後をつけていたのだろう。

一人は左腕、一人は右腕を力一杯抱え込んできた。私を生捕りにしようとしているのだ。

その時は私は別に抵抗もせず、敵のなすがままにしていた。もっと出てくるかも知れないからだ。

果して出てきた。土塀の陰からもう一人背の高い痩せた目の鋭い男が右手に拳銃

を構えて出てきた。

——どうやら三人だけらしい——こう私は計算した。この連中は多分八路の密偵だろうとも思った。

三人目の男はどうやら頭らしく、私の左右にいる二人に、低い声で「連れてこい」と命令した。

二人が私を左右から引立てようとしたが、私は動かなかった。少し腰を落し三戦の構えをとっていたのだ。こうなれば一人や二人で押しても引いても動くものではない。

「早くしろ」と低いが鋭い声で部下を叱りつけて、この二人目の男は拳銃を私に向けながら二、三歩近づいてきた。

実は私が動かなかったのは、この男の近づくのを待っていたのだ。すでに私は三戦から猫足に構えて男が私の行動範囲に入ったとたん、

「たあッー」と放った左回し蹴りを拳銃を持つ男の右腕に決めた。拳銃は手から宙に飛んだ。と、次の瞬間には左右の腕を抱えた奴を肱打ちで当て落した。

「曖呀（アイヤー）！」と悲鳴を上げてあわてて逃げようとする男の首筋に手刀

を決めると、呻きも上げずに倒れてしまった。

その時左右の土塀の陰に人の気配を感じて、素早く土塀にぴったり身をつけて様子をうかがうと、

「事務長、山口さん」と呼ぶ低い声、聞き馴れた私の部下の鈴木君の声だった。

「おおここにいるぞ」という声に応じて出てきたのは私の部下四人だった。

「事務長一人ではどう考えても危険なので、出かけられてから二時間後にわれわれも来たのです。家の周りを見張ってましたが、するとこの三人が来まして、こりゃいかんなんとか片づけようと思っているうちに、事務長が片づけてしまった、というわけです」

「事務長の空手は凄いなあー。われわれが手を出す暇もない」

「なんだ全部見ていたのか、人が悪いぞ」

と、大笑いになったが、このとき捕えた三人は大収穫だった。案の定、隊長らしき男は八路の中尉だった。私の部下が四人も行方不明になっていたのもこの連中の手に掛ったことも分った。

帰順した匪賊を密偵に使う

この時捕えた三人の中で、陳という青年がいた。二十九才になっていたが、この男は自分から共産匪八路に入ったのではなく、強制的に入隊させられたらしく、まだその日も浅いようだった。以前は農民だったが、貧しくて喰えないでいたところ、匪賊にひきずりこまれ、そのうち八路に入れられたということだ。

私はこの陳を使おうと思った、それで取調べの時に、私が、「陳、お前は私の命を狙ったのだから銃殺にするが覚悟はいいな！」と睨みつけると、さーっと顔色が変ってしまった。「しかしお前は進んで八路に入ったようでもない、どうだ助けてやってもよい、その代わり罪滅しをしろ、そうしたらお前にも嫁さんを世話して世帯を持たしてやろう、食べられるだけの金もやるがどうだ」というと、陳ははじめけげんな顔をしていたが、「隊長さんホントに助けてくれるか」というので、「本当だ、ただしお前は悪いことをしていたのだから罪滅しに私の子分になって、集団部落の人々を匪賊から守る仕事をやれ」と私がいうと、

「ヘイあなたのような強い方の子分になれるなら本望です。どんな用でもいいつ

けて下さい」という。

そこで陳に家を持たせ、満洲女性とも結婚させて毎月生活費も与え、ただしこれは女に渡してやったのだが、陳はすっかり私になついて、心から「隊長、隊長」といって私のいうことならなんでもするようになった。

そのうち、もうこのへんでよかろうという時に、陳に命令を与えた。

「お前にこれをやる。売って金にしてよろしい。ただし売るのは、山に籠っている匪賊共だけだ！」といって綿布一反とパイメン一袋を与えた。どちらも金を出してもなかなか手に入らないものである。

「ヘッ」と陳は目をみはった。

「いいか陳、山の連中は綿布や小麦粉に困っているだろう。お前は山を下りてから闇屋になったといって、これをむかしの仲間に切売りするんだ。あまり安くすると怪しまれるから適当な値段で売れ。その合間に情報をとってくるんだ。人員はどの位とか、隊長は誰とか、どういう任務でいつ何処へ動くか、銃器、弾薬はどのくらいとか、出来るだけ詳しく調べろ。いいな」と任務を与えて山にやった。

こうでもしないと本格的な情報は、集団部落からでは集められない。直接に土匪や匪賊、馬賊の中に入って、目で確め、肌で感じて来たものでなければ本当のことは分らない。しかし口でこそ潜入といっても、実際には出来るものではない。

彼らの根城が殆んど山岳地帯で、そこ迄行く間に無住地帯を通らなければならないし、厳重な見張りが二重、三重とあって到底その目をごまかすことは出来ない。たとえ中に入ることが出来ても、たちまち部外者は見つけられてしまう。

私の使った手は、陳のように捕えたものから選び出して密偵にしたり、特殊な縁を使って匪賊、馬賊を勧誘して下山させ、こちらの密偵として使うなどで、こうした密偵を終戦までに二十人も使っていた。もちろん私の直属で、他の職員には絶対使わせないし、密偵同士の連絡は取れないようにしてあった。これはもし密偵の一人が裏切っても被害を最小限度に喰い止めるためと、密偵自身の身を守ってやるためだ。

さて、陳は、最初は本当の闇屋らしく仕事をしていたが、しだいに馴れてきてからいろいろ情報を掴んできた。なかなか商売もうまく、山の連中は、陳をすっかり信用したらしく、貴重な情報も入ってきた。

陳はまた、匪賊を山から連れてくるのもうまかった。私の使った密偵の半数近くは彼が下山させた者だった。もちろん陳がつれてきた連中にも嫁さんを見つけてやり、生活費を与えてやったことは陳と同様だった。

陳は、私の空手の威力に恐れをなし、そのうえ厚遇されたものだから、すっかり私に心服して実によく働いてくれた。後で述べる共産匪の襲撃の第一報もこの陳が持ってきたのであった。

中国拳法の達人劉老人との試合

その陳がある日、私に耳よりな情報を持ってきた。「中国拳法の達人がいた」というのである。

陳は、日頃私が部下に空手を教えているのを熱心に見ていたが、人一倍興味があるらしく、用事の済んだ後などは稽古をいつまでも見ているのである。

そんな彼を見て、私も陳が密偵になっていまでは私の片腕のようになって働いてくれてるのだし、護身のために彼にも空手を教えてやろうと思い「陳、どうだ教えてやろうか」と声をかけると、「隊長お願いします」と大喜びだった。

筋もよくて覚えもよい、本人も面白いらしく熱心だった。そんなときだったから、中国拳法に興味を持って何処かで聞き込んできたのだろう。

その日、陳はいつものように、あちこち飛回って蒐集してきた情報の報告を済ませた後、顔を輝やかせながら、

「隊長、中国拳法の達人がいたよ」というのである。

「ほう、何処にいるんだ」

かねて私は中国拳法の達人なる人にめぐり会いたいと思っていた。

私が黒竜江省当時、紀元二千六百年の慶祝に内地へ東亜武道使節団を結成して引率して行ったことがあったが、その時、蒙古相僕、青竜刀術の使い手、棒術、などの武道家を集めたが、中に中国拳法も加わっていた。ところが、これに参加した拳士たちは、正直いって私が敬意を払って教えを乞いたいほどの人はいなかった。内地訪問の際に、京都に連れて行った時、立命館大学当時からの私の道場で剛柔流の稽古を見せたら、その荒っぽい稽古と気迫にびっくりし、一手如何ですかと水を向けても尻ごみして試合を断わってしまうていどだった。

それまでは、彼らは団長の山口の空手なるものはたいしたことはあるまいと思っ

ていたらしいのが、それ以来、すっかり恐れ入ったと、正直にいっていた。

そんなこともあったので、私も本当に中国拳法の達人に会って一手教授に与かりたいと日頃から思っていたのであった。

陳の話では赤峰の町に近い山にいる劉という老人で、竜雲流の宗家だそうで、もの凄く強い人だと地元のものがいってましたという。

「竜雲流」、はじめて聞いた名である。

「陳、どんな拳法か聞いたか」

「竜が天に昇るようだといってました」

私はそんな拳法が本当にあるのだろうか、ひじょうな興味を覚えた。

陳の報告を受けてから任務に追われているうち一週間たった。

どうしても行って確めたくてたまらなかった。

——どんな拳を使うのだろう?……——

幸い、それから間もなく錦県からカラチンに出張して防衛の打合せをすることになった。

会議の終るのを待ち構えて、すぐ赤峰市に向った。列車こそ通っているが、赤峰は山間の片田舎だ。中国拳法の達人の住居はすぐ分った。赤峰の町から約一里ほど山に向って、竜岳という山の麓にいるという。

それから間もなく、私は目指す竜雲流宗家、劉鶴齢(りゅうかくれい)老と会うことができた。この時は、協和会熱河省承徳事務長の山口剛玄ではなくて、空手剛柔流の山口剛玄になっていた。

無気味な拳法〝竜雲流〟

六十七、八才にもなろうか、小柄で鶴のような痩身、眼光だけは異常なまでも烱々(けいけい)として人を射る。

「空手剛柔流の山口剛玄と申します」と名乗ると、

「竜雲流宗家、劉鶴齢です」と静かに答える。ゾクッとするような無気味な声である。

「わざわざ何をしに来られたかな」

「竜雲流の名人とお聞きしたので、私も空手を修業するものとして、ぜひ一手御教授にあずかりたく参りました」

老人は暫く私の顔を見詰めていたが、

「いまがよろしいのか？」

「はい、他に仕事を持っている身ですので、出来ましたらこれから……」

それではと頷いた老人はこちらへと先に立って裏手の空地に案内してくれる。その後姿を見て驚いた。私の耳ほどしかない短躯でしかも鶴のように痩せた老人の背後には鵜の毛で突いたほどの隙もない。

――恐るべき業の持主――

だが、この驚ろきは更に老人と対峙したときに最高潮に達した。

一礼して飛び退っておたがい構えた、と思ったが老人は平蜘蛛のように這いつくばったのである。これが構えなのかと目を疑うほど奇怪なものだった。

よく見ると体を極端に落として両手だけは前上方に伸ばし指をバラバラに開いて、しかもそれが静かに静かに私の目に向けてゆれ動いている。その指と指の間からは烱々と二つの目が光っているのだ。

ちようど蟹がハサミを持ち上げた姿勢ともいおうか。

この異様な構えに対して、私は三戦(サンチン)の構えから直ちに猫足の構えをとった。

「があーっ、ふっ、があーっ、ふっー」

と、剛柔流独持の〝息吹〟を吸って吐き、左足を一歩踏み出して爪先を内側に向け、右足は敵に対して一直線に向けて立ち、両膝が接近するばかりに曲げて腰を落とす。前方に二段に突き出した両手はバラバラに開いた指を曲げる豹が獲物に飛び掛るときの身構えだ。蟹のハサミに対するに豹の爪をもって応えたのである。

「があーっ、ふっ、があーっ、ふっー」

剛柔流の息吹を老人の目に向けて吐きかけながら、奇怪な構えに備えていると、と、どうだ、いままで這いつくばっていたような老人の構えが、こんどは蛇のようにスルスル伸びるように動き自在にくねらせながら、その体はいつか見上げるような長身になっていくように見える。

なるほど、竜雲流だ。

竜の昇天する姿だ。地を這ったかと思うとたちまち伸び上って頭上から掴み掛るように攻撃してくる。

生れて初めての恐ろしい強敵

ハサミのような両の手が竜の爪と化したり、その動作の瞬間、瞬間には突き、貫き手、蹴りが電光のように飛び出してくる。

「ええーいッ」極ったかと思った貫き手もビーンとはね返えされる。

「とおーッ」間髪いれずに放った回し蹴りも空しく空を蹴っている。激闘数分、いや数刻のように長く感じる苦しい闘い。

これほど強い相手にぶつかったのは初めてである。

掴みどころのない相手。

今や攻撃から守勢に転じた。風のような老人の目まぐるしい攻撃を受けとめるのが精一杯となってきた。

最後の気力を振り絞った右回し蹴りもスラリとかわされた。

空を蹴って体勢をたて直さんとする時、老人の体が視野一杯に襲いかかってきた。

「たアー」巖砕のごとき正拳がミゾオチ目がけて突き出された。無我夢中で左手でパッと叩き落すと同時に、右正拳を眉間に叩きつける。

「グワーッ！」と、当ったが、それと同時に老人の左前蹴りが股間にきた。間一髪、左手で受けたのがあまりにも速く強烈なのに受け切れず、股間を押えてその場にへたり込んでしまった。

「ウッー、まいりましたッー」はっきり声にならず、うめくように叫ぶ。

と、同時に

「まいったッ」という劉老人の声が起こった。老人は眉間を押えて、うずくまっていたのだ。

私の正拳と老人の前蹴りが、いずれが速かったか、間一髪の受けが遅れていたらどちらも一命を落していたかも知れない。

劉老人は、拳法を学んで今日まで、貴殿のような凄い相手に会ったのは初めてと眉間を押えながらいったが、私も、このような恐ろしい相手と生れて初めて試合をした。恐らくもう今後、このような相手にぶつかることはないだろう。

劉老人に厚く礼を述べて、帰途、疼く股間の痛みに顔をしかめながら馬上で、しみじみ世の中は広い、恐ろしい拳法の使い手がいたものと今更ながら背筋の寒くなる思いをしたことだった。

匪賊の大襲撃がある？

私の満蒙生活中に、剛柔流の死力を尽して戦ったことが二度あった。一度は竜雲流拳法の劉鶴齢老人との試合であり、もう一つは終戦間際に襲撃してきた共産匪との戦いであった。

昭和二十年五月中旬。

雨のジトジト降る日であった。私は前日まで約一週間ばかり錦県その他に出張していたので、朝から留守中の出来事などの報告を部下から受け、それを整理していた。もう夕暮れんとする頃、血相変えて陳が飛び込んできた。

「隊長、大変だッ、近く共産匪の大襲撃があるよ！」

「なに共産匪の大襲撃！」と私はさすがに顔色を変えた。大抵の情報には馴れていたが、これには驚いて大変なことになったと思った。

当時、終戦の年の五月といえば南方ではサイパン、テニヤン、硫黄島、沖縄と、本土を目指す連合軍が物量にものをいわせて、わが軍を次々玉砕させ、じりじり進攻しており、内地はＢ29の爆撃で焦土と化しつつあった。

大陸での戦線も膠着状態で、戦線の収拾に困っており、熱河においても共産匪をはじめ土匪、馬賊らの動きは微妙なものがあった。

無気味な彼らの蠢動がなにかにつながっているだろうとは肌に感じていたことだが、それが大襲撃とは……そこまでは考えてもいなかったのである。

「襲撃場所は何処だ」

「いえ、まだ日時も場所も分りません、が、小さな集団がどんどん移動しています。これは匪賊が集結している証拠です。襲撃があるのに違いありません」

陳は、むかし共産匪の仲間だっただけに経験から間違いないというのである。

たしかに最近は匪賊の移動が激しい。承徳の奥地にいつもいた匪賊がいつの間にやら消えてしまったのも二、三ある。

喜峰口、馬蘭峪、建平などの密偵からも同じような報告が来ていた。

「よし、総力をあげて日時、襲撃の場所、人数を探るんだ、必要なものはなんでも持って行け！」

陳をはじめ、承徳の密偵を総動員してこれの調査に当らせた。

密偵たちは綿布、パイチュウを背負って四方八方へ散っていった。

私はイライラしながら彼らの報告を待った。三日、四日と経った。遂に情報を入手した。密偵たちの報告を総合すると、匪賊が襲撃しようとしているのは熱河と錦県の間にあるU市だった。

日時は六月三日の払暁、襲撃人員はおよそ一千、目的はU市の刑務所に囚われている仲間の救出と糧秣、機械、銃器、弾薬の掠奪だった。

こりゃ危い！と思った。

U市は大きい市ではあるが、熱河、錦県などの軍のいる大都市に近いため、いままでに匪賊に襲われたことがないし、そのうえ軍が殆んどおらず、軍属と家族が多い。そこに匪賊の大襲撃があったら……。

匪賊襲撃の情報を一笑に付す軍と憲兵隊

私の全部の密偵につづけて情報を集めることを命令して五月二十二日、熱河で開かれた軍、憲兵、特務機関、そして私の方とからなる防衛の打ち合せ会に持ち出したところが、私の情報が一笑に付されてしまった。

ばかばかしい情報だと頭から相手にしてくれないのである。

カラチン、建平、喜峰口、馬蘭峪など馬賊匪賊の集結地からU市までには幾つもの集団部落や軍の警備地がある。その目をくぐって一千人もの匪賊がU市まで来られるわけがない、というのだ。

常識的に考えれば、たしかにそうかも知れない。しかし相手は神出鬼没の匪賊だ、どんな方法を講じて来るかわかったものではない。

「山口さん、情報を集めているのはそちらだけでない。それが本当なら憲兵隊、特務機関の方にも少しはそんな情報が入る筈だが、われわれの耳には何も入っていないのだが」

と机を叩いて憲兵がいったが、憲兵隊や特務機関に入っていなくとも現実に六月三日払暁に大襲撃を受けるのを、こちらは、匪賊の内部に潜入しての情報だから確度の点からいっても問題にならない。

私が執拗に大襲撃を主張するので、特務機関が、山口さん、それは一体どこから取った情報ですか、と聞いてきた。

「襲撃するという匪賊から集めた情報です」

「すると匪賊内部からだと一般の工作員では取れないな、誰が取ったんです」

私の使っている匪賊上りの密偵です、といった時に全員が失笑して、

「奴ら工作物資が欲しくて適当なことをいったのではないですかな。それとも彼らが匪賊と結んでいたら……」

と、密偵の前身から、情報そのものに疑いをもっている。たしかに密偵が通匪していてその情報を真に受けて警備していたら、裏をかかれることは確実である。危険といえば危険だ、しかし私は彼らを信じていた。陳をはじめ信頼に足る者だけを残している。特に陳と七、八人には剛柔流の手ほどきさえしている。過去の先入観だけで彼らの情報を一笑に付するのは危険に思えた。

私は出席の軍関係者全員にいった。

「最近の馬賊、匪賊の蠢動と合わせて、私は彼らの情報を信じるが、これを皆さんが信じてくれなければ止むをえません。私は街を守る武力はない、これを軍にやってもらいたい」

誠心誠意警備の強化を訴えたところ、では一応警備体勢だけは整え各部隊にも監視を厳重にするよう通達するということになった。だが、実際はごく少数の警備部

隊を配置しただけだった。

その間にも六月三日は刻々と迫りつつあった。

六月三日が近づくにつれ密偵の情報は確度を高めて行く、憲兵隊や、特務機関、それに軍の方で一応の警備は約束したもののあまり熱心でない。

「わかったわかった警備はしているし、われわれも情報を集めている、心配ないよ」といっていくら情報を提供してもそれ以上のことはしようともしないのだ。

「U市への襲撃は間違いないです。警備は大丈夫ですか」と陳をはじめ私の密偵はだんだん切迫してくる日時を心配しながら、より具体的な情報を持って報告にくる。

私はたまりかねて六月一日正規の工作員を連れて承徳からU市へ行った。情報の確認と警備の状況を調査にである。

だがU市に着いて驚いた、まるで警備などしていない。軍も民も何ら平常とかわるところがない。もしここへ匪賊が襲撃してきたら一体どうなるのだろうか……。

「明後日に匪賊の襲撃があるというのにこの有様はどうしたことですか」と警備隊へ飛んで行ったら、

「山口君、軍の行動に指図は受けん。第一匪賊に襲撃の気配はない、あまり人心を撹乱するような情報は流さんでくれ、迷惑だ」と机を叩いて警備隊長は怒った。

無防備の街になだれ込む匪賊の群

私がU市へ来てから各地区の密偵からつぎつぎと報告電話が来る。一日頃から匪賊が姿を消しているというのだ。

U市に潜行しだしたことは確実だ。しかし軍はこうした情報を取上げようとしない。やむを得ん、一般人、軍属の家族だけでも守ろうと、二日の夕刻から工作員を走らせ婦女子を協和会分室に収容することにした。

これに対して軍から厳重な抗議が来た。

「一方的な判断で匪賊襲来などといいふらすのはもってのほかだ、早々に収容した婦女子を家庭に戻せ」というのである。

だが、軍の抗議でもこれだけは聞くことは出来ない。無防備に近い街に匪賊が乱入したら婦女子はどうなる。その運命は火を見るより明らかだ。

「われわれの情報を軍が採用しないのは軍の勝手だが、われわれは同胞を守る義務がある。それがたとえ杞憂に終っても決してやりすぎとは思えない」と強硬につっぱねた。

こうして二日の夜は更け、いよいよ三日になった。

時計は刻々と時を刻んで行く、襲撃は払暁だ、果してくるか、われわれは顔を見合せていた。

東の空が明るくなる頃、払暁だ。時計は五時半を指している。

「あと三十分、それまで来なければ今日は来ませんね」

「うん、だがまだわからないぞ！」と部下の鈴木君と頷き合ったときだった。

突然ババババーッという激しい銃声が起った。同時にワーッという喚声も城門の方にあがる。

「来たっ！」

「よし皆んなを最上階にあげろ、階下は俺が防ぐ」と、私は部下に命じて階下の物陰に拳銃二丁を持って潜んだ。

「匪賊だあーッ」という叫び声があちこちにしている。すでに匪賊の大部隊が市内に小銃、拳銃を射ちまくりながら侵入していた。

　これは後での報告を聞いたのだが、三日の払暁、U市の城門外に匆然と匪賊の大部隊が湧き上り、たちまち城門を突破、市街に乱入して、兵隊が銃をとる間もなく、刑務所、糧秣庫、武器、弾薬庫が押えられてしまった。市内に潜伏していた匪賊の一部が巧みに城門から誘導して目指す個所を次々と荒して回ったのである。これには憲兵も軍もなんらなすすべもなく、わずかに衛兵がこれに応戦したのみという有様だった。

　市内は走り回る匪賊に逃げ回る市民、乱射される銃声など、阿鼻叫喚の巷になった。

拳銃を撃ちつくして捨身の空手で戦う

　われわれの籠る分室にも匪賊の騎馬が停った。

　来たなと思う間もなく、たちまち表の扉を叩き壊し、銃、拳銃、青竜刀、おもいおもいの武器をひっ下げた服装もまちまちの凄まじい形相をした匪賊が乱入して来た。約二十人ばかりである。

私は物陰げに潜んで窓から狙いをつけて拳銃をぶっぱなした。最初に飛び込んで来た一団は、二丁の拳銃の全弾撃ちつくして片づけることが出来た。が、匪賊は次々新手が乱入してくる。弾を補充している暇もない。遂に私の潜んでいる室のドアを銃の台尻で叩き壊して匪賊が五、六人わけのわからぬことをいいながら飛び込んで来た。めざとく私を見つけた一人は銃を振りかぶって来た。すでに私の拳銃には弾がない。

「よし空手剛柔流で戦うのみだ！」

「ぐわーッ、ふっ――」

私は猛虎の息吹をもって呼吸を整え、いつでも匪賊を打ち倒す構えに入っていた。一瞬、躊躇なく匪賊の中に躍り込んだ。いかに匪賊が多くとも狭い部屋に乱入してくるのは二十人がせいぜい。そのうえ薄暗がりで、小銃はおろか拳銃も思う様に使えまい。私の方は夜目は修業のお陰でよく利くし、一度に四、五人相手に焦らず戦えばなんとかなる。こうした場合的確に一人一人倒していくことだ。

まず銃を振りかぶっていた匪賊を飛び込みざま右にかわしながら左回し蹴りを股

間に決めた。「ギャーッ」と絶叫を上げてくずれた。同時に背後で拳銃を構えんとした男の水月を右肱打ちで突き、もうその次は右手の正拳が血まみれの青竜刀を振りかぶっている匪賊の脇腹へ喰い込んでいた。後は乱戦となったが、狭い部屋での戦いは私には有利だった。匪賊にとっては思うように銃も拳銃も使えず、ただやたらにわめきながら私に殺到してくるのであったが、これはかえって私に戦いやすくしたようなもので、私はなるべく敵に近接してしかも縦横に動いて貫手、肱打ち、手刀、正拳、離れて拳銃を構えんとする奴は跳び蹴り、回し蹴りで倒した。

こうなってくると、稽古の時より自由自在に動いて思い切り打ち込むことが出来た。

一人、二人と隙を見て、三階の上り口に行こうとする奴は、私の部下が待ち構えていて、階段の処で的確に射ち殺した。

そのうち手強いと思ったのか、他の匪賊を呼んだらしく、分室の前は匪賊が黒山のように集ってきた。あせっては駄目だと自分でいい聞かせながら、的確に倒していく、目を突き、股間を蹴破り、敏捷に体を動かして時を稼いだ。

そのうち表の方でなにやら喚く声が起ると分室の前に群れていた匪賊共が、どっと崩れた。それにつづいて私を包囲するようにしていた匪賊もあわてて飛び出していった。引揚げの合図があったらしい。

「事務長、大丈夫ですか」

私の部下も拳銃を握りながら二階から下りてきた。私は短剣によるかすり傷が左腕にあっただけだった。

まだ安心は出来ないからと、二階に上って外の様子をうかがわせると、匪賊の一団は掠奪した武器、弾薬、糧秣を、これまた掠奪したトラックに積んで引き揚げていった。時計は午前七時だった。

襲撃から引揚げまで一時間半、やっとそのころになって警備隊が増援を得て戦闘態勢に入ったが、あとのまつりだった。

だからあれほど警告したのに、私は地団駄踏んで口惜しがった。受けなくてもいい損害を受けてしまったのであった。

私は匪賊が完全に引揚たと知った時、全身の力が急に抜けるように一時に疲れが出て、ぐったりしてしまった。匪賊を相手に正味四十分は戦っただろうか、鍛えぬいた私もさすがに、この時はすっかりくたびれていた。

終戦を一ヵ月前に教えてくれた曲老人

U市の大襲撃を受けてから二カ月後に終戦になった。

この少し前、私に日本の敗れることを教えてくれた人がいた。かつて、支那軍閥の一人である呉佩孚の参謀長の曲という中将で、私兵を擁していた。

曲さんとは、私が熱河省に赴任して間もなく、中国拳法家に会いたいと思っていた時、なかなかの使い手と聞いたのでお訪ねして知りあったのである。

曲さんの拳法は、前に述べた劉老人の竜雲流のように凄味や殺気はなく、むしろそれとは逆な、おおらかなもので、なかなか上手でもあった。

私がぜひ形を見せて下さいというと、気持よくいくつか披露してくれた。太極拳といっていま中共で体操の中にとり入れているあれである。

拳法は健康と心の修養のために学んだ、といってのびのびと演武をして見せる曲さんを見ていて私の方も大変楽しかったものである。

私が剛柔流の息吹、三戦、転掌を披露すると、目を丸くして感嘆していた。

それ以来すっかり意気統合して、暇さえあれば出かけて行き空手の稽古をしていた。曲さんは小さな道場を持っていたので稽古に都合がよかった。

この人は温厚な中にも東洋的な武人の風格のある人だった。

ある日曲さんが、憲兵隊に捕まった。危険人物というのである。以前から睨まれてはいたのであった。私は曲さん程の人物を惜しんで、ぜひ釈放するよう運動した結果、山口がそんなにいうなら、と憲兵隊で釈放してくれた。

それ以来ますます曲さんは私に親しみを見せてくれたが、終戦の一月ほど前だった。いつものようにぶらりと訪ねた私に、曲さんは、

「山口さん落胆してはいけませんよ、日本は近く連合国に降伏しますよ、もう戦争は終りになります」

と教えてくれた。

「冗談じゃありません、いくら曲さんのおっしゃることでもこればかりは本気になれません。日本が負けるなんて」

と、私はむきになって曲さんにいうと、

「いや本当なんです、貴方にとっては悲しいことでしょうが、もう近くです。これは誰にもいわないで下さい、たしかなことです」

といって後は、もうこの話は打ち切りましょうと話題を変えてしまった。

それから約一ヵ月で終戦になった。曲さんの話は本当だった。

終戦の日、曲さんがわざわざ私を訪ねてきてくれて、どうだ山口さん、私の処の参謀になってくれぬかと、懇望された。

私はその好意を謝して丁寧に断わった。私も日本人ですから祖国と運命を共にします、と。そして私の秘蔵の日本刀（備前もの）を贈って別れた。曲さんは涙を浮かべて別れを惜しんでくれた。

第三章　終戦・捕虜生活

ゲ・ペ・ウの取調べ

ゲ・ペ・ウの仁義、負けたものは秘密の総てを話せ

昭和二十年八月十五日、日本にも満洲にも運命の日であった。戦は終った。それも敗れたのである。日本はどうなるのだろう……そして満洲国は……。

間もなくソ連の大部隊が熱河に進駐して来た。

すでにソ連は八月八日、日ソ中立条約を蹂躙して一方的に宣戦布告し、関東軍の精鋭がほとんど南方戦線に転用されたガラ空きの満洲へ兵力を殺到させていた。

戦うにも戦う兵力のない関東軍はたちまち離散し、邦人はソ連軍の銃弾に倒れ、

或は匪賊の餌食となるなど悲惨な地獄図絵を現出していた。

怒濤のようなソ連の大軍を相手に寡兵よく奮戦して玉砕した部隊もいくつかあった。婦女子を含めた全員が自決する開拓団も随所にみられた。

そして終戦。

私は腹の底から湧き上る哀しみに耐えていた。石原将軍に説かれた満洲建国の理想……その実現に賭けた命……哀しみは怒りにかわった。

「くそ！　負けてなるものか！　空手剛柔流の山口は絶対に負けるものか！」

私は心の中で叫び、そして祖国再建を固く決意していた。

熱河はソ連軍に占領され、軍人、軍属は承徳に集められて仮収容所に入れられ、一般家族は分離されてしまった。

私も部下達も承徳で仮収容所に入れられたが、私だけはソ連のゲ・ペ・ウ（ソ連の秘密警察で、その権力は恐れられていた）の特別の指令で呼び出され承徳警察の独房に入れられてしまった。

これは皮肉なことだった。終戦までは、われわれが敵の密偵を捕えたときに入れていた房なのである。思わず苦笑が出た。

苦笑が出たついでに記すと、もう一つ苦笑したことがあった。私がこの独房に入れられて、取調べの呼び出しを待っていると、

「山口先生」といってソ連軍の中尉の軍服を着た満人が入って来た。なんとこれが私の宿舎の呂というボーイであった。思わず私も苦笑して、

「分ったよ、覚悟は出来てるよ」といった。

呂を私は随分可愛がってやったものだった。燈台下暗らしであった。しかし私は、呂に私の仕事の全部を握られていたとは思っていなかった。情報蒐集、その他の特殊任務については私と私の部下、それに私の使う密偵しか知らないし、秘密保持には細心の注意を払っていた。表面は承徳市の事務長となっていたのだし……、ただ、普通の事務長ではないとは思っていただろうが……だが、この判断は甘かったようである。

呂は、

「山口先生だけは殺させませんよ」といって手を差出して「お元気で」と握手して去っていった。

私の取調べはソ連のゲ・ペ・ウの大佐だった。痩せぎすの、ロシア人というより

も蒙古系に近い東洋的な肌と顔つきをしておりなかなか精悍な感じのする男である。

　彼は私に向って、

「山口剛玄、君は日本のゲ・ペ・ウだろう。それなら、その筋を通してもらおう」といい出した。やはり敵は私の特殊任務を知っているのだ。

　彼のいわんとするところは、こうだった。

「勝負に負けたゲ・ペ・ウは勝ったゲ・ペ・ウに対して、いさぎよく秘密の総てを話して引き継ぐのが当り前だ」と、いうのである。ゲ・ペ・ウの仁義ともいうべきか……。

　そして暗号の略符表を教えろというのである。そんなものはたとえ知っていても教えられるものではない。

　知らぬと突っぱねたが、

「ゲ・ペ・ウの隊長がそれを知らぬ筈はない」と執拗に迫ってくる。

　いま私がそんな秘密を明らかにしたら、誰がどんな迷惑を蒙るかも知れない。死んでも明かせるものではない。

銃殺にするぞと銃口の前に立たす

「どうしても教えないなら、君を銃殺にするぞ」

と、大佐は怒り、私をわざわざ土塀の前に立たせ兵隊に銃口を向けさせたこともあった。

「どうしてもいわなければ、このまま銃殺にするがいいか」

重ねて大佐が私に叫ぶ。

私だって死にたくない。妻もいれば可愛い子供もいる。懐しい祖国にも帰ってみたい。しかし、死ぬと決まったなら騒いでも喚いても仕方があるまい。心静かに死んで行くだけだ。

私は割合い早くそういった心境になれた。それも後で考えてみると、武道をやったこと、日頃から信仰心を持っていたこと、子供の頃、学生時代、私は武道の修練を積みながら、大自然の霊気に触れたいという、気持を抱いていたこと、そのため学生時代に鞍馬山に入山、滝に打たれながら修行したことなど、私が死に直面して、なんとか生きたいという人間ぎりぎりの願いが、もうどうじたばたしても助からないと分った時に、それではやむをえない、これも天命だと覚悟を決めることができたのだと思う。

「私は知らないから知らないといっている。日本のサムライはウソはいわない。射つなら射ちなさい」

そういって目をつぶった。――一瞬の後には死ぬだろう。心は案外平静だった。――子供の顔、妻の顔、恩師の顔、部下の顔等々瞼に次々浮かぶ――と私の肩を叩いた大佐は、

「山口、見事だな、どんなに偉い人でも死ぬ間際に、君ほど平然としてはいられないものだ。君は本当にサムライだ」とニッコリ笑って、

「もういい、こっちへ来てくれ」と部屋に帰った。

これで略符号事件は済んだが、訊問は終ったわけではなく、まだつづけられていた。しかし以来、大佐の態度は一変していた。以前の高圧的な態度から好意的な態度を見せるようになっていた。

それでも訊問は相変らず厳しい追及があった。

「君は天皇からどんな使命を受けてきていたのか、対ソ工作ではどんなことをしたか？」と、

しかしこれには、

「ソ連と日本はおたがいに不可侵条約（中立条約）を結んでいた仲ではないか、それを一方的に破ったのはそちらで、われわれには対ソ工作などということは必要なかった。われわれがやったのは八路工作だけだ」といっただけで済んだ。

訊問は三ヵ月もつづいたが、その年の暮れに外へ引き出され、

「山口、車に乗れ」といわれた。兵隊も十人ばかり乗り込んできた。山へ連れ込んで殺ろすのか？　といよいよこれで最期だな、と腹を決めた。

ところが、山に向わず一路錦県に突っ走った。その路上には移動する日本人が列を作っている。どうやら殺すのではなくて集結地の錦県まで運んでくれるのらしい。

そういえば殺すのだったら防寒外套まで着せてくれるわけはなかった。それにしても十人ほどの兵隊はなんのためだろう、私の護衛としたら物々しいことである。

「錦県に連れて行ってくれるのなら、何故皆んなと一緒に歩かせないのか」と護衛の下士官にいうと、

「なんだ知らなかったのか、お前の身柄の引渡しを八路が要求して来たので、うちの大佐がまだ必要だと突っぱねていたのだ。だから移動中八路に襲われたらとい

うので、われわれが護衛に当っているのだ。大佐はお前のことをサムライだと褒めていたからね……」と笑いながらいった。

私は錦県で車を降ろされ、着せられていた防寒外套をそのまま貰って捕虜収容所（ラーゲル）に入った。大佐はゲ・ペ・ウの仁義を通してくれたのである。

捕虜収容所（ラーゲル）

収容所長の肩の脱臼直して接骨医となる

私は、ここで今迄の身分を一切隠くすことにした。

たまたまここの収容所の所長のソ連軍少佐が自動車事故で肩の骨を脱臼してしまった。

なにしろ太って体も人一倍大きいので普通の医師が二人や三人でなんとかしようと思っても、とても元に戻せない。散々いじくり回したものだからますます肩は痛くなり、すっかりこじらせてしまった。少佐は、「ウン、ウン」唸って、周りの者に当り散らす。日本人の医師達は皆弱り切っていた。

私は、これを見て、

「私が治してあげよう」と少佐を個室に入れて誰も来ないようにして、椅子に寝かせて、腕を一回りさせながら、要領よく「ポン」と脱臼した骨を元に入れてしまったら、少佐はすっかり喜んでしまった。剛柔流で修練した私には肩の脱臼位治すのは、格別難しいことではなかったが、少佐は、

「この男は名医だ」と早速、私を医務室勤務の医師にしてしまった。もちろん接骨医としてである。

ちょうど普通の医師は何人もいたが、接骨医は一人もいなかったので大変重宝がられた。特に、その後、私達捕虜が強制労働にひっぱり出された時、無理なノルマでずいぶん怪我人も出たが、その中に打撲傷や骨折も多かったので大いにお役に立つことが出来た。

ラーゲルで空手を見せてソ連兵の度肝を抜く

ほどなく錦県の収容所から全員移動することになった。帰国か、と喜ぶものもいたが、北へ向って行くのには全員がっかりしてしまった。到着したところは外蒙のアルバルトウであった。これで当分帰国の望みはたたれたわけだ。

この収容所である日、ソ連兵が誰に教えられたのか、

「日本には忍術使いというのがいるそうだが、この中にも二人や三人はいるだろう」というのである。そんな者はいないといってもどうしても聞かない。しまいには、「山口、お前がそうじゃないのか。お前の仲間が、お前が手で板を割ったり、石を砕いたりする、といってたぞ」といいだす始末であった。

誰か、私が空手をやるのを知っているものが何かのときにでも喋ったのだろうか、そこで私は、

「日本には空手という武道がある。板も石も、たしかに割ることが出来る。しかし忍術ではない」

すると、将校や兵隊共が集ってきて、「それなら見せろ」という。

やむをえず、私は急ごしらえの分銅を作って振り方や、棒の使い方、貫き手、正拳、

裏拳、手刀、蹴りなどの形を見せた。だが、それだけでは満足せず、「石を割れるなら、これだって割れる筈だ」と耐火煉瓦を持って来た。どうせ割れまいという嘲笑気味で差し出してきた。

むらむらッとして、よしここでソ連兵共に威力を見せておいてやろうと、闘争心が湧き上ってきた。

「そんな煉瓦よりこの塀を壊してみせる」といい切った。ラーゲルの内部の建物の脇にピーズという土の煉瓦を積んだ土塀があったが、壊れるかどうか私にも分からない。が、なにがなんでも壊さなければならない。いちかばちか、土塀に向って猛虎の息吹とともに満身の鋭気を込めて、「ダーッ」と右肱打ちを決めた。

ゴボッという鈍い音がした。と、どうだ巾三尺位の土塀の一米四方がものの見事に崩れた。かたずをのんで見ていた日本人ばかりか、ソ連兵も「ワーッ」と喚声を上げている。

私は「ウンこれでよし、日本人に対する扱いも、ソ連兵ども、考えるようになるぞ」と、嬉しさをこらえて一人で頷いていた。

階級章をそのままにして秩序を保つ

ラーゲル内で私は郷里の先輩で承徳県の副県長だった上村洋平太さんに遭遇した。上村さんは、小西郷といわれた傑物で（現、鹿児島市伊集院町長）、私の尊敬する人の一人である。

上村さんに会えたのは本当に心強かった。

「君も私も、おたがい薩摩の出身者だ。見苦しい真似はせず、助け合って同胞を一日も早く祖国に帰えれるように努力しようじゃないか。われわれはたとえ最後に残っても皆をなんとか無事に帰えれるようにしてやろう」と上村さんは私にいった。私は上村さんの手を握って、思わず、

「よくいってくれました。私もそのつもりでおります。一緒に力を合せて皆が無事に帰えれるように頑張りましょう」といった。しかし残念にも上村さんは間もなく他の隊に移らせられた。しかしその後私達は上村さんの意を体して、鹿児島出身者で薩摩人会を作って、協力して行くことになった。そして私達のラーゲルではたとえ敗戦で軍隊が崩壊していても、従来の軍隊の組織は秩序を維持する意味で、帰

国するまではそのまま残しておこうじゃないか、ということになり、階級章はそのまま付けておくことにした。

もちろん、階級章を残したからといって、上級者が下級者に威張るとか特権を振回すというのではなく、あくまでも整然たる秩序を維持して、おたがい日本人同志が助け合い、一人も倒れることなく無事に帰国出来るためのものだった。

薩摩人会のメンバーなどの努力で、私達のラーゲル内では他の収容所であったような密告して点数を稼いだり、他人にノルマを押しつけたりなどは全く無くなり、約二千人いた収容人員のうち、たった一人、それも老人でどうにも体力のなかった人が倒れただけで、後は全員無事帰国できたのだった。

しかし、そうして整然たる秩序を維持しておたがい助け合う団結心が全員に生れるまでには、やはり、何かと問題はあった。

たとえば丸井との対決である。彼はその後は立派な男となって私に協力してくれたが、当初はどうにもしようのない暴れ者だった。

監獄下番の暴れ者丸井と対決

私は接骨医として医務室勤務をしていたが、丸井は監獄下番の鈴木隊で親分格となって睨みを利かせていた。

「監獄下番の鈴木隊」というのは、陸軍刑務所を出所した者だけで編成した隊で、鈴木という人が隊長（この人は刑務所出身ではない）となっていたので、通称としてそう呼んでいたのである。

丸井はこの隊の親分で、隊員は隊長のいうことよりも、彼のいうことの方を聞いていた。

ラーゲル内で、この連中は作業には口実を設けて出ないし、食事その他の給与は余計に取るし、傍若無人であった。しかもその皺寄せはいつも真面目な隊員のところに行くのである。

これを見て私は苦々しく思っていた。剣道の達人の硬骨漢北山和夫軍医（現、石川県輪島市で病院長）が、「山口君、あの連中には困ったものだな、なんとかしなければ、皆の団結が崩れてしまう。といっていい聞かせて分かる連中かどうか、騒ぎは起したくないしな……」と憤慨しつつも困り抜いて私にいった。

私は、早くなんとかしなければ皆がますます迷惑するばかりなので、これはどう

やら私の役割りだと腹に決めて、

「北山さん、丸井のことは私がなんとかいたしましょう。お任せ下さい」といって、丸井と話合う時機を狙っていた。もちろんおとなしく話合って分る相手とは思っていないので、対決の腹ではいた。

それから間もない、ある日、私の留守の医務室に、丸井とその子分共が殴り込みをかけ、散々室内を荒し回って医務室勤務の兵隊を殴打したり器具破壊やら、私物の掻っぱらいなどまでした事件が起きた。

丸井達が作業に仮病を使って出なかったりするのを、北山軍医が、「仮病は許さん、作業に出ろ」と叱ったことや、日頃、目の上のコブの様な存在の私に対する嫌がらせもあって、派手に殴り込んで来たのである。どうやら丸井との対決はこうして先方から飛込んで来たのであった。

私は早速、鈴木隊の丸井のところへ行くと、すでに丸井と子分共は待機していた。この連中は監視のソ連兵や外蒙兵の目を盗んで、どこでどう作ったか、手製の短刀を持っていて、私にチラつかせる。彼らは監獄下番を看板にしているだけに、身体中彫りものだらけのいわゆる倶梨伽羅(くりから)紋々や、体中喧嘩傷だらけの箸にも棒にもかからぬ凄まじい連中ばかりで、当然世間に出れば、二つ名の付く渡世人達だから、人殺し位は平気でやりかねない筈である。

私は匪賊と戦った経験から、この連中と渡り合っても、勝てる自信はあったが、騒ぎを大きくして全員に迷惑をかけては相済まないので、まず親分の丸井を押えてしまえと、

「オイ！丸井、お前はずいぶん親分風を吹かして威張っているが、お前のやることはなんだコソ泥じゃないか。俺のいない時に弱い者いじめをして、私物にまで手を出すとは何事だ。お前が男なら俺と一対一でやってみろ」というと、

「何を！よし！」と、子分共に手を出すなといって、私を睨みつけながら短刀を出して構えた。

私は、丸井に猫足の構えで対する。

丸井は私に向って隙あらば飛びかからんとしていたが、

「があーっ、ふっ、があーっ、ふっ――」と、私の息吹に「何くそ！」と盛んに力んでいたもののどうにも飛びかかれず、暫く睨んでいたが、私がじりじり押し詰めて行くと壁に背をつけて一歩も退れず、しだいに顔が蒼ざめ、遂にその場にへた

り込んでしまった。

「山口さん、俺が悪かった。さあどうにでもしてくれ」と丸井は頭を下げた。子分共もシュンとして声もない。

その夜、丸井は私のところへやって来た。二人で徹夜で話し合った。私は彼に諄々と説いた。

「戦争に敗けて、こんな外蒙で捕虜となって皆、苦しんでいる時に、自分達だけいい目をみようというのは情けないじゃないか。おたがい日本人として恥かしくない生き方をしよう。われわれはたとえ犠牲になっても同胞が無事に帰えれるように努力しよう。それが男一匹というものだ」

丸井は涙を流して、これから皆のために身を挺して尽すことを誓った。そしてどうかよろしく指導してくれと辞を低くして頼むのだった。

彼は根は善良で、侠気のある男なので　それからは子分の連中を説いて「棒組」を組織し、私のいう通りに行動してくれた。

この「棒組」は、不正を働く者、密告などで同胞を売ろうとするものには徹底的にヤキを入れた。

裏切者は一人も出さずに収容所の日本人全員が団結して無事に帰えれたのには、この棒組は大きな力となった。

苛酷なラーゲルの生活で庇い合う

ラーゲルの生活は経験したものでなければとても理解できないほど、想像を絶する苦しいものだった。

ここ外蒙のアルバルトウ捕虜収容所は、砂漠の中の小さな村落の、しかもそのはずれで、砂漠の吹きっさらしのところに設営されたものである。

内部に一部煉瓦造りの建物もあったが、ソ連兵や外蒙兵が使い、私達は急造のバラック兵舎があてがわれた。ラーゲルの四隅には高く櫓を組んだ見張所があり、そこには監視兵が常にマンドリンとわれわれが称していた自動小銃を抱えて監視しており、周囲はぐるりと板塀があり、さらにそこから若干距離をおいて二重の有刺鉄線が張りめぐらされていた。出入口はたった一ヵ所しかなかった。

食事は、小豆か大豆が三分位に湯が八分といったものに黒パン一切れ、それもまことに小さい。コッペパンの半分もないものだった。それが一食分なのである。

作業には煉瓦工場での煉瓦造りと、砂漠での砂掘りがあったが、どちらも苛酷な仕事であった。ただ冬の寒い時には煉瓦焼きの方が皆に喜ばれた。

作業の割りふりは、その日の朝にソ連兵から煉瓦工場何名、砂掘り何名出せと命令があって、それを班長が決めることにしていた。

誰れもが北山さんらの良き指導者の意向を体して、なるべく年寄り、体力の無い者などは煉瓦工場に向けるようにして庇い合っていた。

寒い冬の作業出動を記すと、朝六時に起床、わずかな朝食を済ませて作業の割ふりを決め、七時には作業整列で人員点呼が行なわれる。七時といっても冬の日は短かく、外はまだ暗いので、点呼にはかなり時間がかかるのである。ソ連兵も外蒙兵も将校を含めて、数字に弱く、人員を正確に掴むのに何度も数を数え直したりして、出発するまでにすっかり体が冷えてしまうのが慣しだった。その間、ときどき鼻を凍傷から防ぐためこすったり、防寒靴で地面を蹴とばすように足ぶみしたり、指の先を防寒大手袋の中で握りこぶしにしたり、両手を叩き合わせたりして、悠長な点呼の終るのを待つのであった。

ようやく出発すると、道路はかちんかちんに凍っていて躓いたり、滑ったりして転んでしまうが、ソ連兵や外蒙兵共は情け容赦なく蹴とばし「ダワイ」と怒鳴るのである。こんな時に、日本人同志が転ばぬよう腕でささえてやり助け起すなりして庇い合うのであるが、それこそ心の暖まる涙の出るほどありがたいものである。こんな調子で作業現場へ向うのであるが、作業は、個人と団体との二つにノルマが課せられていて、ノルマを完遂出来ないといつまでも帰えれず働かせられたり、食事の量にも影響したりした。

私達のラーゲルではこうした点にも大変うまく皆で助け合ってノルマを完遂、一人の落伍者も出さないようにした。どうにも苛酷なノルマには、断固としてラーゲルの所長にかけ合うこともした。

帰国

ナホトカで共産党らの民主裁判にかけられる

昭和二十二年夏、どうやら帰国出来るらしいという空気になって来た。秋に入って、秋といっても内地の冬位、もういくらか寒くなっていた頃、帰国するためアルバルトウを出発してシベリアと外蒙の国境線に集結した。外蒙地区に収容されていた日本人が全部ここに集結するのを待機するのだ。ここで全部の集結を待ってナホトカに汽車で運ばれ、いよいよ帰国を目前にした。港には引揚船興安丸が入っていた。

ところが、ここで私らが収容所で不正を行なっていた一部の不心得者を制裁したことが問題となり、民主グループによって民主裁判にかけられることになった。民主裁判というのは、共産党のアクチーブ（活動家）とそれに迎合する左翼かぶれの便乗者によって開かれるものであった。

このアクチーブのお陰で、多くの日本人が、帰国を前にして再びシベリアの奥地に追い込まれ重労働何十年の苛酷な判決の下に苦しむのだった。

私達の隊が、階級章もそのままにナホトカに入ると、民主グループが、反動だと騒ぎ出したのである。

しかも山口と丸井は、共産主義のソ連に忠実なものを勝手に制裁したりして反動の塊のような奴だから裁判にかけるというのである。丸井は「山口さん、面倒だから暴れちまいましょう」と怒っていた。私は、

「まあ、待て様子を見よう」と、説得してその裁判にかけられてみた。

ところが、勝手なもので、適当にサクラを使って騒ぎ立てて、反動だから帰国させるな、とあちこちで叫ばせ、民衆の声が帰国させるなとあるから判決も帰国もさせない、というのであった。あまり馬鹿馬鹿しいので、丸井に向って、「どうしても帰国させせないようだったら、一暴れしようじゃないか」と打ち合せをしていた。

しかし、幸いに手続その他の関係で、民主グループがまごまごして手間取っているうちに、われわれはさっさと興安丸に乗船してしまった。

船さえ出ればこっちのものだ、早く走り出さないかと、じりじりしているうちに、やっと出帆した時には、さすがに「ホッ」として丸井と顔を見合せて思わず笑った

ものだった。

船内で、やはり民主グループの様な赤いのにカブれた奴がいて、高い所に立ち上って、共産主義の宣伝をしようとしたら、丸井と棒組にたちまち引きずり降ろされて、袋叩きに合い、宣伝のパンフレットなどは海に叩き込まれてしまった。

さあ――いよいよ帰国だ。遠ざかるシベリアを眺めながら夢にまで見た懐しの祖国に間違いなく帰えれるのだと思ったら不覚にも涙がポロポロ流れてきた。

上村先輩も北山さんも泣いている。鬼も挫くような丸井君も棒組達も皆泣いていた。

「さらば満蒙よ、任務に倒れし同志の霊よ……」

私は石原将軍の説かれた満洲建国の理想の実現に命を賭して戦った満蒙大陸に向って、静かに瞑目した。帰国後の祖国再建を誓いながら……。

無事内地に着いたのは昭和二十二年十一月十八日であった。

第四章　戦後・再建の道

復活した剛柔流の歩み

教職員の持つ赤旗を引き裂いて演説

引揚船興安丸でシベリアのナホトカから無事函館に着いた。

死を覚悟したのも幾度であったか、文字どおり死線を越えて、再び帰えることはできまいと観念していた祖国の土を踏み、私は半ば夢心地で祖国再建、剛柔流再建などの将来への抱負に胸は躍っていた。

そして久しく御無沙汰していた郷里鹿児島に向った。

懐しの故郷は変りなく山川草木に至るまで幼少時代の想い出を呼び起してくれ

た。

「故郷（くに）はいいなアー」

思わず、出る嘆声、しみじみと生き抜いて帰えってきてよかったと思った。

かつて独房に入れられ、取調べのゲ・ペ・ウの大佐に「山口お前を銃殺にする」といわれて土塀のところに立たされ、銃口を前にした時の覚悟を思い返えすと、今こうして故郷の風物の中にいる自分の生きている体が無性にいとおしくなってくる。生きていることの喜びは死の寸前を体験した者でなくては実感できないものなのであろう、と思ったりした。

約十日ほど郷里で、ラーゲルの酷い生活ですっかり傷み疲れた体を癒した私は、その年の十二月八日、東京に出た。そして早速、皇居を一目見て無事であったことを確かめたいと思って皇居前に行ってみた。

ちょうど桜田門の辺りまでくると、赤旗をおし立てた群衆がお堀の周辺で「ワイワイ」いいながら群がっている。ソ連から人道を無視した苛酷な取扱いを受けてきた私は、赤旗の波を見て驚ろいてしまった。何万、何十万という同胞が、ソ連のために理不尽な殺され方をしたり、不当に抑留されて強制労働に追い使われたり、無惨にも多くの婦女子が暴行されたり、火事場泥棒よりもはるかに酷い惨虐非道なことをわれわれ日本人に対して行なった、ソ連に対する憎しみは消えないのである。それなのに日本人が赤旗を振るとは一体どうした訳なのだろう。近づいて私は赤旗を振る一人をつかまえて、

「あんた方はどういう集りなのか」と聞いてみた。すると更に驚ろいたことには学校の教職員の集りだ、という返事だった。これからの日本人を育てあげる学校の先生とは……私はどうにも我慢がならず、怒りに震えてその一人の持っている赤旗をいきなり奪い取ると竿をへし折って赤旗を破り裂いて堀の中へ投げ込んでしまった。

「何をする！　この野郎！」

「反動の手先だ！　捉まえろ！」などと罵声をあげながら血相変えた連中が飛びかからんばかりに詰め寄ってきた。腕づくでくるならこい、相手にしてやるぞ、だが、私は彼らにいって聞かせたかった、シベリアの同胞の実態を……。

私は堀辺に立って声を限りに群集に向って叫んだ。

「私は二十日前にシベリアの抑留生活から帰えってきた者だ。私の話を聞いてく

れ。皆の持っている赤旗の本国の実態を知っているのか、赤旗の本国で、われわれの多くの同胞が非人道的取扱を受けて無念の涙をのんで死んでいってるのだ。私はこうして運よく帰えってきたが、まだまだ多くの同胞が残されていて苦しい毎日を送っている。今日も、たった今も、祖国に帰えれることだけに希望を持って、じっと歯を喰いしばって零下四十度のシベリアで重労働に従事している同胞がいることを忘れないでくれ。シベリアの収容所の生活がどんなものか君らはとても想像つかないだろう。毎日毎日が死ぬか生きるかのぎりぎりの生活なのを……。

こうして戦争に敗れた日本だが、何も日本人を犠牲にするようなソ連の真似をすることはないではないか、赤旗など振らずとも日本が立ち直れる道がある筈だ。それは日本人として真に祖国を愛し、民族を愛することによっておたがいに生れてくるのではないだろうか」

という意味のことを、ボロボロの復員服にリュックサックを背負い、涙と共に訴えた。

最初いきり立っていた連中も皆うなだれて聞いていてくれた。もう暴力を振ってくる者はいなかった。中には感激して私のところへきて、「よく分りました」といって手を握る者もいた。

深い絶望感で自決を決意する

私は帰国以来だんだん周囲を見回していくうちに戦後の日本の姿がしだいにはっきりと分ってきた。

そしてあまりにも酷い日本の変貌ぶりには月日が経つにつれ深い絶望感を抱くに至ったのだった。

そこにはかつての誇り高き日本人の姿というものは全く見られなかった。進駐軍に諂（へつら）う者、進駐軍将兵の腕にぶら下ったあくどい化粧のかつての大和撫子達、飢えた日本人達が外人共の持つ豊富な食糧や物品欲しさにどんなことをしていたか……。食えるためには恥も外聞もない荒んだ人心には、もはやかつて輝しい伝統を誇った日本の姿はなかったのである。荒廃しきった巷には赤旗ばかりが翻えり、険悪な空気が漂い、共産党が活躍し不隠な事件は頻発した。

かつてシベリヤの収容所内で薩摩人会を組織していたが、帰国する時に皆を集めて挨拶した中で「今後は内地に帰り皆バラバラに散るのだから、今までのように助け合うことは出来ないだろう。どうか皆が各々、人を頼らず自分の事は自分で処置するようにしてもらいたい」と私は要望しておいた。だが、このような日本の変貌ぶりは全く予期していなかったのである。

私は、たとえ国土は戦禍を受けてどんなに荒廃していても、日本人が同胞としての自覚による親愛感で、一致協力して祖国の再建に邁進しているものと思っていた。それだけにその絶望は大きかった。もはや自分一人の力ではどうにもならぬと考えたほどである。部下達に挨拶したように私も自分で処置しようと肚を決めたのだった。

一週間あまりも考え抜いたであろうか、忘れもしない昭和二十三年一月十二日、遂に意を決して深夜、家族に遺書をしたためて原宿の東郷神社に足を運んだのである。

当時、家族は私よりも数年早く大陸から引揚げて東京の青山五丁目に住んでいた。そこに私も引揚げてきて家族揃って生活していたのであった。

そこから私は毎朝、明治神宮と東郷神社には欠かさずに参拝していた。

郷里の大先輩として崇拝する東郷元帥の祀られている東郷神社を最期の場と選ぶことは当然の心境だった。

沖天にかかる月は蒼白く冴えわたり、神社は静まりかえっていた。境内に入った私は神前に額ずき礼拝を済ませた。初めから神聖な境内を汚がす気はなかったから境内の外にある池の辺に座り込んだ。足を座禅の型に組み、用意して来た短刀を懐から取り出して前に置き、まごころ込めて最後の祈りをささげた。雑念を払い、無念無想のうちに刃を腹に突立てるつもりでいた。

一心不乱に神を念じ、明鏡の如き澄みきった境地に至れば立派な最期を飾れるだろうと思いながら祝詞を奉唱していた。しばらくするうちに、身体中の感覚は無くなり、フワフワとした雲の中を歩いているような感じになり、全く自分の存在がなくなってしまったような、何とも筆舌には表わし難い気持になってきた。何とも形容し難い境地であった。もはや生死の瀬戸際に立っている事も、これほど悩んだ事も全て忘れ去ってただ魂だけがフワフワと光輝く平安な世界を漂ってゆくようだ。

その時であった。耳元で何者かに呼びかけられたように感じた。意識朦朧とした中でその声に耳を澄ませた。確かに聞える。

その声の主は私の耳元で語りかけ始めた。

まず、第一に今おまえに死なれたら家族はどうなるのか、ということと、おまえには生涯を賭して成すべきことがあるはずだ。果すべき使命に気付かないのか、という声だった。今後、真剣に修行に取組み、武道を通じて世に尽すが良いとも語りかけられた。私はただこの異常な体験に驚き、打ち伏せていたが、どの位経ったであろうか、ハッとして自分に返えると、あたりは既に曙光に映えて目に映る一切のものが生々として光輝き生きる喜びを謳歌していた。

私はこの瞬間の心はいつまでも忘れられないものであり、昨日の出来事のように、今なおその時の心境に浸ることができるのである。

神秘的な体験を経て再建に取組む

私はその時にはっきりと、人の生きる使命を自覚した。人間は生れた瞬間から各々の果すべき使命を負うて誕生してくるものなのだ。私の場合は今日まで鍛えて来た武道を以て世のために尽すのだ。

私は生れ変ったのである。一切のものが明るく楽しいものに見えて来た。私は確かに天の声神の声を聞いたのであった。そしてこれからは木曾、御嶽山で修行を積むようにせよ、との霊示も受け私の修行の場がこうして決められたのである。

かくして私は武道で立つ決意をして、一人でも二人でも良いから空手を教えることにした。そして昭和二十四年四月、戦後初めての道場を浅草千束町に設けたのである。

当時は進駐軍により一切の日本武道を禁止されていたから空手はボクシングと同じものであり、ただ足を使うだけであると主張して、どうにか許可を取ることができた。

一切の武器を取り上げられた日本には、空手こそ身を護る唯一つの武道ともいえ、これは奇しくも昔琉球（沖縄）が武器を禁じられて空手が発展したのに軌を一にするようである。

そもそも空手が琉球に発達したのには琉球であった二つの歴史的変革が原因となる。一つは、琉球が中山、南山、北山に分立して争っていたが、そのうち中山の尚巴志王が遂に三山統一を行い禁武の布告を発令し、全島から一切の武器を所持する事を禁じたこと。もう一つは約二百年前、慶長十四年に薩摩の島津家と戦火を交え、薩摩隼人を敵に琉球軍は善戦したのだが、薩摩軍の奇襲攻撃によって敗北、全島が島津藩に屈して、またも武器類は一切のものを琉球から追放された。

武器を失った琉球の人々は真剣に徒手空拳で身を護る術を研究した結果、急速な発展を得たものであった。

私が戦後、いち早く空手道場を開いた時も琉球の故事にならい日本人の筋金を作ろうという大きな抱負でいたものだった。

道場を経営するかたわら「国士会」という団体を作ったりしたが、その後、「公安興信所」を開設した。

共産党が不穏な動きを示し険悪だった当時の社会情勢を見て、かつて満洲での経験を生かして、どうにか生き延びた命を少しでも国家のお役にたてたいと思い、表面的には興信所だが実際は公安関係の情報活動を秘かに始めたのである。この時のいろいろな話もあるが、国家の機密に関することなので公表するのは遠慮した。差支えない話では、中尊寺の華鬘(ケマン)盗難事件がある。

仏像の装飾品である中尊寺の国宝的華鬘が盗み出されて悪質ブローカーの手に渡

り、危うく海外に流されてしまう寸前に私の組織が探知し、無事に華鬘を回収した事件であった。

非行少年の善導に空手の修業を

興信所経営の他に司法関係の保護司をお引受している。私が特に担当したのは無軌道なヤクザの横行を無くすることだった。終戦直後から暫くの間、犯罪の巣窟のようであった浅草からなんとか犯罪を閉め出そうというので、私は札付きのヤクザの行動を監視して、罪を犯さぬよう気を配ったり、手に負えない非行少年を引き取り訓育したこともあったが、こうした少年達は概して忍耐心が乏しく、空手の厳しい稽古に耐えられない者が多く、随分私も失望することが多かった。が、修業に耐えた者は今日では立派に更生して社会人として大いに活躍しており、空手の方も有段者となって後輩の指導に当っているほどである。

ともかく青少年問題は大きな社会問題にもなっているが、世を挙げて物質主義、享楽主義に傾き、青少年に対して彼らが生きるための理想とか、目標を提示してやることの出来ない社会的背景に、われわれは鋭い目を向けなくてはならないと思う。

そして目標を見失しなった青少年達に、何か一つのものに全身全霊を打ち込み、完成を目指して精進することの味わいのある深い楽しさを体験させることができたなら、青少年が非行に走る事など絶対にないと信ずるのだ。現実に、三十万人の剛柔流門人の中で問題を起した者は一人もいないのである。

いつの時代でも青少年は、自らの全生命を賭して勇躍挺身する目標を探して求めるだけの、情熱を持っているものであるからだ。

私などの時代には〝国家の目標〟がはっきりしていたから、青少年の生き方は前途に夢があって、青年らしい建設的な理想に直接邁進でき、健全な青少年時代を送れたのであろう。その意味では不幸な現在の青少年達については、私は武道を通じて夢を与えたらいいと思う。欧米が現在、物質主義に飽き足りなくなって精神的な充実を求め、日本に禅とか能だとかを求め、さらに武道は静かなブームを高めている。この時に、欧米の精神面を補うために単なる武技でなく〝武道〟を教える青年達を送り込む必要がある。そのための養成所などが日本に於いて問題となるがそれは後に述べることにしたい。

神への奉仕

木曾御嶽山との奇縁

私は、社会的活動に力を注ぐ一方では、神前行事はますます熱心に怠らなかった。毎朝四時に起きて身禊ぎをして、妻の満枝と共に祝詞を奉唱するのが日課となった。多忙の中にも時間を割いて木曾御嶽山に籠り、滝行や断食に打ち込んだ。木曾御嶽山に行くようになったいきさつは前に述べたが、更らに詳しくこの因縁を記しておきたい。

明治三十七年二月、日本とロシアの間に戦端が開かれ、同三十八年五月、満洲での敗北を海上で挽回すべくロシアはバルチック艦隊を日本海に向けて回航し迫ったが、東郷元帥を司令長官とする連合艦隊が、ロシア艦隊は津軽海峡を通るか対馬海峡を通るかで議論沸騰していた時、元帥は、ロシア艦隊は対馬海峡を通るとの断を下し、連合艦隊を日本海に待機させて「敵艦見ゆとの報告に接しわが連合艦隊はこれより出動、敵を撃滅せんとす」ということになる。

旗艦三笠の橋頭には、あの有名な「皇国の興廃此の一戦に在り各員一層奮励努力せよ」の信号Z旗が翻えり、敵艦隊の目前に連合艦隊は旋回して、隊列を変更するT字型戦法を執るわけだが、この時に、東郷元帥は白鉢巻をし、御幣(ごへい)を両手で握り、旋回の時機をとらえようとしたという。即ち、無念無想の境地で御幣を握りしめ、右に御幣が揚ろうとした時をその時機としたのである。武道の問合と同じで敵艦隊を前にして、艦の舷側を見せて旋回するのであるからその時機というものが勝敗を決する大変な勝負どころである。

こうしてバルチック艦隊を全滅させた東郷元帥はこの日本海海戦の報告に「天佑神助により」という言葉を用いたが、その天佑神助はこのようなものだったのである。東郷元帥は熱心な御嶽行者であったから、一心一念に神の加護を祈り、握りしめた御幣を以て神示を得たのであった。

この史実に洩れた話は私が若い頃、元帥の口から実際に聞いたものであり、記録しておきたいことである。元帥が御嶽の行者であり、その元帥を祀る東郷神社に私が自決のために詣で、そこで受けた神示によって御嶽山に行をすることになったのは奇しき縁と言わなくてはなるまい。

霊的現象の実際

　ある朝、妻と神前行事を勤めていると、妻に突然、死霊が憑依してきたことがあった。

　当時、浅草のビルに住んでおり四階を住居にしていたが、ここに以前住んでいた男らしかった。その亡霊の言う事をいろいろ聞いてあげると身の上話を始めた。この男は数年前までここに住み商売を営んで来たが、中気で体の自由が利かなくなり寝たきりになってしまい、それをいいことにしてその男の女房は使用人を情夫にして早く死ねとばかり邪魔にしたものだから、中気の男は恨みながら便所の中で首をくくって死んだと物語った。気の毒に思ったから般若心経を唱えあげ、しばらくの間、供養を続けてあげた。

　こんな因縁のある家なので、住む人は皆ろくな末路を辿っていない。私もここに居る時は実にひどい辛酸をなめたものだった。早く出て良い所に移りたいと思っていたものの、ままならなかったが、ある日の御神示にしばらくすると中年の婦人が求めに来るとあったので待っていた。やはり神示のとおりに数日して来た婦人に、早速売渡すことになるのだが、売った後に婦人が訪ねて来て、気味の悪いことばかり起る家で何かあったのではないか、と言って来た。

これではまだ供養が足りなかったのだな、と思って婦人と共にねんごろな供養をしてあげた。以来何事もないようだ。現存する浅草のあるビルである。

最近、心霊現象の問題が世人の関心を惹いているようだが、興味本位に扱うべき問題ではない。欧米などでも物質至上主義の行詰りからか、心霊問題の研究が日本よりも進歩しているようである。日本ではまだ多くの人々が迷信と割りきって、目に見えるもの以外は頑として信じようとしない傾向が強い。

またある時には、私の祖先霊が出て来たこともあった。その祖先霊が語るには数百年前、家に押入った強盗を家人が切り捨てたが、その強盗の霊が代々、家に崇りそのために長男が何代も続いて夭折してしまうのであると語ってくれた。実にその通りであった。私の兄弟でもそうだが、長男が無事に家を継いだためしがない。そこでその霊を封ずるための方式を教えてくれた。ワラ人形に五寸釘を打ち込み般若心経を唱えながら川に流したのである。

私が一心不乱の行を積み重ねるにつれて、いちいち書き尽せない程の心霊的現象を体験したものである。

見る、聞く、嗅ぐ、味わう、触れる、などの五官を超越した、五官の働きではとらえる事のできない事柄が存在するのを体験によって得た私は、更らに多くの人々に、こうした世界をのぞいて見て欲しいと願うのである。

人間の五官で体験されるものだけが絶対的であるとする考え方が、人間を物質本位にして刹那的、官能的な面ばかりに目を向け、利己主義をむき出しにして、お互いの利害相剋からすさまじい社会混乱、人心の悪化が出現されてくるのである。人間は元来、動物的な側面もあるが、反面、より美しいもの、より完全なものに憧れる心の奥底からの魂の叫びがあるものである。この内面の魂の叫びに従い、お互いが最も幸せになる道を求める事が本当の意味での社会の進歩であると思う。

書物などあまり読まず、緻密な理論の展開をする能力は無いが、今まで体当りで一途にやってきた修行のお蔭で、人に勧めることのできる私なりの確信はできあがったつもりである。

剛柔会と空手界の未来図

全日本空手道連盟成る

「全日本空手道剛柔会」として正式に看板を掲げたのは昭和二十五年五月であった。全国に散っている剛柔流のかつての仲間達を結集するべく呼びかけをしてみたら、三万人ほど呼応してきた。私はてっきり死んだものと皆が思っていたので、突然な私の呼びかけには驚き且つ大いに喜んでくれた。

組織づくりは順調に進行して、各地区別に支部を結成し、和歌山の宇治田君を理事長に、香川君を幹事長、害君を副会長に、そして私が会長となった。当時の各支部は今日ほどではなかったから、関西支部とか、九州支部とか、秋田支部とかいった、はなはだ大まかな地区別であった。道場を持った空手流派はなかった頃なので会員も次第に増加していった。

昭和三十九年の初め、三浦日本武道館事務局長を介して正力松太郎氏から面会の要望があって対面した。その時に正力氏から、

「山口さん、あんたは空手界の癌ですね」と言われた。

「そうかも知れませんね。私は八方美人は出来ない質で信念を曲げる行動は大嫌いなのです」私はこう答えた。

武徳会も再建されることだし、空手界の足並をそろえなくてはならない時期だと思うから協力しないか、というのがこの時の正力氏の話であった。

そこで各流派を代表する大塚氏、中山氏、岩田氏に集っていただき相互の意見交換の結果、空手界統一の気運は高まっていったのである。統一への一段階として、まず国会議員の空手愛好者を結集させる話が進み、昭和三十九年六月に「国会議員空手連盟」が結成され、この連盟が主軸となりオリンピックまでには空手界統一を完遂させる見通しができてきた。

昭和三十九年の十月、各流派の代表者達の熱意と文部省の斡旋の甲斐あって「全日本空手道連盟」が成立して全国組織までも整備されるに至った。

日本空手道専門学校設立の計画

私の剛柔会が戦後いち早く発足した時に考えていたのは、将来、空手界が一大組織となる時のために、全国的規模の組織を整備しておかなくてはならないということだった。

しかし、私のところだけが独走したのでは所期の目的は達せられない。そこに必要な事は、空手界全体の発展が大義名分とならなくてはならないと思う。ここで今後、問題となるのは各流派が各々、独自の形を持っているが空手道発展のために行うべき「形の制定」である。

この内容の問題を解決するために私が考え、実行に移そうとしているのは「日本空手道専門学校」の設立なのである。各流派から派遣された講師達により指導者を養成してゆき、将来は「制定形」を決定するようにすればよい。

今後、ますます空手を学ぼうとする人々は増加する一方であろう。そこには当然質の低下も見られるかも知れない。それなればこそ今まで練磨してきた者は更らに深く研究を目指すに違いない。そのために入るべき門戸を開いておいてあげるのが自分の役目と感じている。

　空手人口の増加に伴い、将来精神面の教育がポイントになるであろうと思われるので、指導者の一層の技と精神の向上によって、空手道修業者達の精神的な基盤の確立を期さなくてはなるまい。

米国各地に支部道場が出来る

　そのほかに、海外での空手の普及にも幾多の問題がある。戦後日本に来て、もの珍しさから少し空手のマネだけを覚えた外国人が、本国に帰りいとも気軽に道場を開き、怪しげな免許状を乱発している実状は目に余るものがある。空手の普及と喜んでばかりいられず、空手の権威の失墜と混乱を招くなにものでもない。

　剛柔流の門弟は米国に相当いるが、私の次男の剛仙がサンフランシスコのステッチ大学に留学したのを機に、米国各支部の統制をとり、米国地区本部を設けた。剛仙が入学した時、新入生歓迎会の席上、各国の留学生が母国のお国自慢をして見せるが日本は何も出ない。日本人の上級生達に要望されて剛仙が演武をして見せたのが始まりで、空手は爆発的人気を呼び、大学当局も体育館を開放、空手部の設置に協力したそうである。大きな道場もできて設備も整い、米人修業者達の熱意は並々ならぬものがあるという。剛仙が卒業して帰国した後を受けて長男の剛正が渡米した。やはりステッチ大学の大学院に入り、地区本部長をしながら四年間でサンフランシスコだけで九つの道場を作ってしまった。

指導者が足りないために三男の剛史が大学を休学、最近渡米し指導に専念している。先頃五月三日には新婚旅行を兼ねながら剛仙が渡米し、ハワイの支部にも立寄り指導してきた。

サンフランシスコでは兄弟二人揃って盛大な演武会を主催した。最も古武道的な空手道の真髄を伝承するものとして、剛柔流はますます欧米人の関心をひくことだろう。

ついでながら私事ではあるが、三人の息子のほか二人の娘も空手を学んでいる。こうして私の子供達がいずれも空手道に対して真摯な情熱を注ぎ、弛まざる練磨に邁進していてくれることは剛柔流の宗家としての立場からばかりではなく、一父親として私の人生に於ける最大の喜びである。

第五章　むすび（神道、武道、ヨガの三位一体）

はじめに

道は無限……

これから神道・武道・ヨガの密接な相互関連性を順に従い展開してゆき、今日までひたすらに道の追求と向上を求め、苦心惨憺の末辿り着いた一段階ともいうべき境地を明らかにしていきたいと思う。

もとより道は無限であって求めても極まり尽きぬものであり、私がここで述べようとするのは、ひとまず一段階としての区切りをつけようという意味である。

空手道剛柔流における剛と柔の哲理は神道・武道・ヨガの各々の奥義から初めて

その解説が容易となるものであり、また合理的な優れた技術面と高度な精神面とが美しく調和された日本武道の「心」をも説き明かしていく事が可能になるのである。

一、神道

信仰で得られた確信

かつて青春時代の血気から、強さのみを追い求め、いかにして敵手を倒すか、その術ばかりに苦心焦慮した自分であったが、一方では無限なる心の世界の実相を究めようとして、一人深山にわけ入り、断食、滝行に打ち込み、真実の心の満足を得ようと努力したものであった。

しかし本当に、信仰的確信を得たのは、戦後帰国してみてあまりにも変貌した日本の姿に絶望し、東郷神社に額づき、自決を決行せんとした時に感得した神秘的体験が、私を心機一転させ、以後、私の人生のすべてに一大画期をもたらしたものであった。満洲における殺伐とした不隠な空気の中で、生きるか死ぬかの毎日は、生来の武を好む猛々しさに拍車をかけて全身から殺気を漂わせ、殺られる前に殺ってしまおうという闘志を常にみなぎらせていた。こうした心構えは武道を志す者として当然の事と思い込んでいたのであった。

だが力で倒すのは武術であり、これは物質面での力関係にすぎない、武道は道であり無限の世界に通ずるもので、すべてを生かし得る道なのであると自覚できたのは、あの神秘的体験後の行によって得ることができたのである。

このように私の信仰的確信というものは書物に学び耳に学んだものではなく、文字どおり体得したものであるがゆえにどの程度まで筆舌に尽す事ができるかは疑問である。

あの神秘的体験で感得した「何故、捨身にならないか、捨身の前に不可能はない」という言葉は、戦後の混乱期に逼迫した生活と剛柔会の運営にあらゆる辛惨をなめた時、どれ程私を奮い立たせた事であったろう。東郷神社におけるあの一夜の神秘的体験以来、私の精神的支柱となっているものは、その時に得た一つの悟りなのである。

捨身の一心一念で行う事が武道においては〝極〟の瞬間なのである。一心一念の一撃を敵手に打ち込む時、全身の全神経、全能力は一点に集中されて心身共に統一しきった状態となるのを〝極〟という。

そしてこれが剛柔流からいえば「三戦」の形であり、全身心の完全に統一された極地に至ったものでなくては正確なものとはいいえないのである。

水晶球の「行」

現在、神道の「行」として、特別の神示のあった場合に限って水晶球の「行」をすることがある（これは大抵天変地災などを予知するのに用いられる）。この時はなるべく室を薄暗くして雑念を払い、精神統一を行い静かに水晶の球面を凝視する。こうして凝視していると球面に白霧がかかっているように見え始め、しばらくすると霧が消えて球面は燦然たる光輝を発し、次にさまざまな色彩や幻像が現れ、その色彩や幻像によって判断を下すわけである。

この「球行」にしても、見ようと無理に眼を凝らしても眼は球面に固執してしまい、いつまで経っても映像は見えないものである。見ようとして眼を用いるのでなく、心眼によって見るのである。これがいわゆる霊眼であり、脳下垂体という官能の働きが見るもので、こうした霊眼を開く方途は真剣な一心一念の修行以外にはないが、ヨガの篇で詳しく述べることにしたい。

火断ち木食（もくじき）

ところで私の武術は若い時分と比較すれば、確かに肉体的な衰えが反映しているかも知れない。だが私の本質は日に日に無限の世界の中へ限りない向上の途を辿っているのである。まだまだ自分に必要なのは「行」であると信じ、まず体の細胞から鍛えて変えていこうと思っている。そこで私が今まで三回にわたり、百日間の「行」を山に籠って行った時に用いた火断木食の食物を参考までに記しておきたい。

卵、人参、キャベツ、セロリー、ショーガ、大根、トマト、蜂蜜、リンゴ、バナナ、ミカン、クルミ、柿、イチゴ、ヤマイモ、大豆、玄米、貝類、海草類以上であるが、醤油など一切の調味料は使用しないから、うまいというわけにいかない。油っこい濃厚な食物は肉体を重らせ肉欲を旺盛にして、そのために種々な病気を起したり、明徳を覆したりするものであるから、「行」の場合は木食が必要なのである。

断食を時々行じ、酒も煙草もやらない私を見て、「何んとつまらない事を」と気の毒がったり「気狂いのようだ」と極言する人までいる。だが私の方は、この修行が楽しくてたまらないのである。むしろ神を信ずる喜び——深い平和な心の喜び、を知らずに目前の欲得にのみ心を奪われて生きている人達が気の毒でならないのである。

剛柔神教

最後に私の樹てた神道である剛柔神教について言及しておきたい。

東郷神社の神示により、木曾御嶽神習教管長芳村忠明師を訪問し、まもなく大教正の資格を受け、昭和三十八年、宗教法人剛柔神教として出発し「剛柔神教大教会」の看板を掲げるに至ったのである。

「剛柔神教規則」には目的として、

「この教会は天地開源国常立尊大神様の御分神を木曾御嶽神社より奉遷し、我が日本の立国の本義と武道精神に基いた惟神の道を以て教化の中心とし、信者をしてその信仰のあり方を多角的に且つ、具体的に教え導くものである。

その方法としては、神道とヨガと空手道の一致を計る修業に精進し、先づ自己の安心立命を求めつつ一人でも多く他に及ぼし、健全なる日本精神を自己の周囲に実践せむとするものである。従って当教会として行うべき関係事業の中心は、日本空手道専門学校の運営を始め、各地に神社建設、道場建設を実現し教会の目的を達成するために必要なる業務及び事業を行いつつ斯界の普及発展を図らんとするものである」としている。

神道を行ずるようになってからは、空手道への影響は自分でも驚く程である。時として、技でもない力でもなく、自然に意識しないうちに神秘的な動きが出てくるようになってきた。それにもまして、いわゆる勘というものだろう、予感した事は必らず当るし、物事が生じる事前に予知してしまう能力が目立ってきた。それも決してわざとらしい事でなく自然にひとりでに分かるのである。

信仰に生きるようになって、心の底から感じる事は、力の空手も技の空手も限度があり、限界のあるものは底が浅いということである。古今の武道家によくいわれる話だが、青壮年時代に無敵を誇った者が、肉体的に衰えてくると、無残な敗北を喫して消えていく例が多い。私も年令から云ったなら、衰えてくるのが当然であるが、まだまだより深いものが得られるのだ、という確信があるから決して下降している気はしない。その面では私の前途には永遠につづく昇坂が高く見えているように感じるのである。

猫の妙術について

武道の真髄を文字に表わしたものに「猫の妙術」というのがある。心の要を説いた書で鼠を獲る妙を得た老猫がその秘術を語る形にして武道の心構えを説き明かしているものである。

……只自反して我に求むべし、師はその事を伝え、その理を暁すのみ。その真を得る事は象にあり、これを自得という。……とあるが、参考までに全文を紹介して

THE "CAT"

Gogen Yamaguchi, Head of Gojuryu Karate, Has Become A Legend In His Time

アメリカの武道紹介雑誌「ブラックベルト」でザ・キャット（猫）として著者を紹介している

おこう。

私が海外でキャットの異名で知られている事と鑑みて、力ではなく、技ではない、その奥に秘そめるものを推察してもらえば幸いである。

なお著者の伊藤典膳忠也は小野派一刀流の開祖、小野次郎右衛門忠明の長男である。

父、次郎右衛門は、伊藤一刀斎の直弟子で神子上典膳と名乗っていたが、同門、小野善鬼と真剣試合でこれを倒し一刀斎の後継者となって一刀流の二代目を継いだ。

その後、外祖父の小野姓を名乗り自ら小野派一刀流を開いた。

忠明の二子、長男忠也に一刀斎の後を相続させて伊藤典膳と名乗らせ、弟の忠常には小野姓を継せた。一刀流に伊藤と小野の二派ある所以である。

（参考資料）

猫の妙術

伊藤典膳忠也

　勝軒という剣術者あり、その家に大なる鼠出で、白昼に馳け廻りける。亭主その間をたてきり牛飼の猫に執らしめんとす。彼の鼠猫のつらへ飛びかかり食いつきければ猫を立てて逃げ去りぬ、此分にては叶ふまじと、それより近辺にて逸物の名を得たる猫どもあまた狩りよせ、彼の間へ追い入れければ、鼠は床のすみにすまいいて猫来れば飛びかかり食いつきその気色すさまじく見にければ、猫ども皆尻込して進まず、亭主腹を立て自ら木刀をさげ打殺さんと追いまはしたれど手元よりぬけいで、木刀にあたらず、そこら戸障子からかみなど叩きやぶれども、鼠は飛んでその早きこと電光のうつるごとし、ややもすれば亭主の面に飛懸り食付くべき勢あり。

　勝軒大汗を流し僕をよんでいふ、これより六七町さきに無類逸物の猫ありと聞く、かりて来たれとて即人を遣はし彼の猫をつれよせ見るに、形りこう気にも無く、さのみはきはきとも見えず、それとも先づ追い入れて見よ、とて少し戸をあけ彼の猫を入れければ、鼠すくみて、動かず、猫何の事も無くのろのろと行き引きくはへて来りけり。

その夜件の猫とも彼の家に集まり、彼の古猫を座上に請じ、いづれも前に脆き、我等逸物の名を呼ばれその道に修練し、鼠とだにいはば鼬、獺なりとも取りひしがんと爪を研ぎ罷在候処、未だかかる強鼠があること知らず、御身何の術を以て容易にこれを討玉う、願くは惜むことなく公の妙術を伝へ玉へ、とて謹んで申しける。

古猫笑って曰う、何れも若き猫達随分達者に働き給へども、未だ正道の手筋を聞き給はざること故に思いの外の事に逢いて不覚をとり給う、然し乍ら先づ各々の修行を怠らんといふ。

その中に鋭き黒猫一足進み出てて我鼠を捕るの家に生れ、その道に心掛け、七尺の屏風を飛び越えちいさき穴をくぐる、猫、子の時より早業軽業至らずという処無く、あるいは眠りて表裏をくれ、或いは不意に起って桁梁を走る鼠と雖も取損じたる事なし。然るに今日思の外なる強鼠に出会い、一生のをくれを取り、心外の至りに候。古猫いう、吁汝の修むる所は所作のみ、故にいまに覘う心あることをまぬがれず、古人の所作を教ゆるはその道筋を知らしむる為なり、故にその所作簡易にしてその中に至理を含めり、後世所作を専らとして兎すれば角すると色々のことをこしらへ巧を極め古人を不足とし、才覚を用るはては、所作くらべといふものにふり、巧尽きていかんともすることとなし、人の巧を極め才覚を専らとするもの皆かくのごとし、才は心の用なりといへども道にもとづかず、只巧を専とする時は偽の端となり、向の才覚却て害になる事多し、これを以てかへりみ、よくよく工夫すべし。

又虎毛の大猫一匹まかり出、我思うに武術は気然を貴ぶ故に気を練ること久し、今その気豁達至剛にして天地に満つるがごとし、敵を脚下に踏み先つ勝って然して後、進む声に従い響に応じて鼠を左右につけ変に応ぜずということなし、所作を用うるに心なくして所作湧出づ、桁梁を走る鼠はにらみ落してこれをとる、然かるに彼の強鼠来るに形無く、往くに跡無し、これいかなるものぞや、古猫のいう、汝の修練する所は気の勢に乗じて働くものなり、我に恃む所ありて然り善の善なるものに非ず、我やぶって往かんとすれば敵もまたやぶって来る、又やぶるにやぶれをるものある時は如何、我覆うて挫かんとすれば敵もまた覆て来る、覆うに覆はれざるものある時は如何、豈我のみ剛にして、敵みな弱ならんや、豁達至剛にして天地にみつるがごとく覚ゆるものは皆気の衆なり、孟子浩然の気に以て実に異也、彼は明を載せて剛健也此は勢に乗して剛健也、故にその用も亦同じからず江河の常流と一夜の洪水の勢いのごとし、且気勢に屈せざるものある時はいかむ窮鼠却て猫を噛むという事あり、彼は必死に追って恃む所無し、生を忘れ慾を忘れ勝負を必とせず身を全うするので無し、故に具志全鉄のごとし如斯者は豈気勢を以て服すべけんや。

又灰毛の少し年たけたる猫静に進み出ていう、抑のごとく気は壮なりと雖、象あり象あるものは微なり雖も見つ可し、我心を練る事久し、勢をなさず物を争はず相和して戻らず、彼強き時は和して彼に添ふ、我術は維幕を以て礫を受くるごとし強鼠ありと雖我に敵せんとして拠るべき所なし、然るに今日の鼠、勢にも屈せず和にも応ぜず来往神のごとし、我未だかくのごときを見ず。古猫の言う、汝の和と云うものは自然の和に非ず、思うて和をなすものなり、敵の鋭気をはづれんとすれども僅に念に渉れは敵その気を知る、心を和すれば気濁りて惰に近し、思うてなす時は自然の感をふさぐ、自然の感をふさぐ時は妙用いづれより生ぜんや、只思うことも無く為すことも無く感に随て動く時は我亦象無し、象無き時は天下我に敵すべきものなし、然りと雖各各の修する処悉く無用の事なりというには非ず、道器一貫の儀なれば所作の中に至理を含めり、気は一身の用をなすものなり、その気豁達なるときは物に応ずる事窮りなく、和する時は力を闘はしめず金石にあたりても能く折ることなし。

然りと雖僅に念慮に至れは皆作意とす道体の自然にあらず、故に向う者心服せずして我に敵するの心あり我何の術か用いんや、無心にして自然が応ずるのみ然りと雖道極りなし、我がいう処を以て至極と思うべからず、昔我が隣郷に猫あり終日眠りいて気勢なし、木にて造りたる猫のごとし、人その鼠を取りたるを見ず然れども彼の猫の至る処、近辺に鼠無し、処を替へても亦然り、我行きてその故を問う。彼答へず四度問へども四度答へず、答へざるに非ず答うる処を知らざるなり、且てを以て知る、知るものはいはずいうものは知らざることを、彼の猫は己を忘れ物を忘れて無物に帰す神武にして殺さずというものなり、我亦彼に及ばざること遠しと。

勝軒夢のごとくその言を聞きて出て、古猫を揖して曰く、我劍術を修する事未たその道を極めず、今宵各々の論を聞いて我、道の極意を得たり、願くばなおその奥儀を示し給へ、猫いう、否我は獣なり鼠が我が食なり、我何ぞ人の事を知らんや、夫れ劍術は専ら人に勝つ事を務むるにあらず、大変に臨みて生死を明かにする術な

り、士たるもの常にこの心を養い、その術を修めずんばある可らず、故に先生死の理に徹しこの心偏曲無く不疑不惑才覚思慮を用ゆることなく、心気和平にして物無く潭然として常ならば、変に応ずること自在なる可し、此心僅かに物ある時は状あり、状ある時は敵あり我あり相対して角う斯のごときは変化の妙用自在ならず、我心先づ死地に落入って霊明を失ふ、何ぞ快く立ちて明かに勝負を決せん、仮令勝ちたりとも盲勝というものなり、劔術の旨にあらず無物とて頑空をいうに非ず、心もと形なく物を蓄うべからず、僅なる時は気も亦その処に倚る、この気僅かに倚る時は融通豁達なる事能はず、向う処は過にして不向、処は不及なり過なる気溢れてとどむべからず、不及なる時は餒えて用をなさず、共に変に応ずるべからず、我所謂無物というは不蓄不倚敵もなく我もなく物来るに随て応じて迹なきのみ、易曰無思無為寂然不動感而遂通放天下上故、此理を知て劔術を学ぶ者は道に近し。

勝軒これを聞いて、何をか敵なく我なしといふ、猫曰く我あるが故に敵あり、我なくれば敵なし、敵というはもと対峙の名なり陰陽水火の類のごとし。凡物形象あるものは必ず対するものあり、我心が象なければ対するものなし、対するもの無き時は角うものなし、これを敵もなく我も無しという、心と象と共に忘れて潭然として無事なる時は和して一なり、敵の形をやぶると雖も我も知らず知らざるに非ずこれに念無く感のままに動くのみ、この心潭然として無事な時は世界は我世界なり、是非好悪執滞無きの謂なり皆我心より苦楽得失の境界をなす天地広しと雖も心の外にもとむ可きもの無し、古人曰く眼裏有塵三界窄心頭無事一床広、眼中わづかに塵の入る時は眼開くこと能はず、元来物なくして明かなる所へ物を入るるが故にかくのごとし、この心のたとへなり、又曰く千万人の敵の中にあってこの形は微塵になるともこの心は我が物なり、大敵なりといへどもこれを如何ともすること能はず、孔子曰く匹夫もその志を奪うべからずと、共に迷う時はこの心却て敵の助となる、我いう所これに止る。

只自反して我に求むべし、師はその事を伝へその理を暁すのみその真を得る事は我に在り、これを自得という、以心伝心ともいうべし、教外別伝ともいうべし、教に背くと曰うに非ず師も伝うる事能はざるをいうなり、只禅学のみに非ず、聖人の心法より芸術の末に到るまで自得の所は以心伝心なり、教外別伝なり、教というはその己にあって自ら見ること能はざる所を指しらしむるのみ、師よりこれを授くるにはあらず教ゆることも易しく聞くことも易し、只己にあるものを慥に見付けて我がものにすること難し、これを見性という語とは妄想の夢のさめたるなり、覚というも同じかわりたることにはあらず。

二、武道（剛柔流空手道）

剛柔流小史

剛柔流の歴史は不世出の拳聖、宮城長順先生に始まる。

宮城先生は、明治二十年沖縄那覇市の格式ある名家に生れた。

当時、沖縄には東恩納寛量師範の「那覇手」と、松村宗秀師範に代表される「首里手」の二つの大きな流派が沖縄唐手界を二分していた。

宮城先生は那覇手の東恩納師範について学んだ。東恩納寛量という方は沖縄伝統の唐手を修業しただけでなく、遠く中国の福建省に赴いて、達磨大師に発祥する中国拳法を会得してきたのであった。

その結果、中国拳法と沖縄伝統の唐手「那覇手」と綜合させて〝三戦（サンチン）・転掌（テンショウ）〟の基本型を創造し、これを「昭霊流」と称して一家を成していた。

宮城先生は、その東恩納師範に十四歳の時から師事したのであった。入門した翌々年、天才的な宮城先生の素質を見込んだ東恩納師範は、中国福建省で中国拳法を修業することを命じた。明治三十六年頃である。

師の足跡を辿るようにして中国の福建省福州に赴いた宮城先生は、当時まだ十六才の少年だった。

そして約二年間、血の滲じむ猛修業を積むのだった。

この時の中国での修業によって、宮城先生独特の呼吸の用い方を中心とした〝息吹〟の効果的な使い方や、禅による精神面の鍛練の途などが創りだされたのである。

中国から帰国した宮城先生は、すでに沖縄では相手になれる者は一人もないほど、素晴らしい技を身につけた新進気鋭の武道家であった。

その後、「那覇手」と「中国拳法」の両者を比較検討して、さらに研鑽を重ねた先生は、両者の長所と特色とする点を再編し、独自の発想も加えて、「剛柔流空手道」が誕生したのであった。

そして、沖縄県警練習所、那覇市立商業学校、沖縄師範学校、沖縄健民修練所などの空手指導を行い、先生がもっとも円熟した頃の昭和四年、内地の京都帝国大学、関西大学の各空手部の招聘を機に、立命館大学から師範として招かれ、内地普及の先鞭をつけた。その時に私が知遇を受け、剛柔流の宗家を継ぐことになり、内地における指導普及の一切を任せられ、私はその実践をすることになったのである。

更に、宮城先生は昭和九年にハワイ洋国新報社の招きにより、一年間の外地指導も行ない自ら身を以て国内外に剛柔流空手道の普及に貢献されたのであった。

今次大戦後は、郷里沖縄の民政体育官として、地味に活躍されていたが、昭和二十八年十月に六十五才で逝去された。

剛柔流空手道の理念

剛柔流の名称は開祖、宮城長順先生が中国古文献の「武備誌」の中から抜萃したものだとされている。

剛柔の文字が示すように剛（陽）と柔（陰）の〝天然の理〟を以て構成されているところに極め尽せぬ妙味をもつ剛柔流独特の理念が存するものである。

剛柔流の基本的な形である「三戦、転掌」は剛と柔の組み合せになっている。「三戦」の形を一見すれば分る事だが全身と全神経が極度に緊張しきって一分の隙もない気迫に満ちた状態になる。これが正に「剛」の形そのままである。

一方「転掌」の型は、内面から湧きあがる闘魂を露わにせず、体の奥に静かに秘めて爆発する機を待つがごとくに弛やかな曲線を描く型であり、これが「柔」となるのである。

剛から柔へ、柔から剛へと変転自在、融通無碍の動きを見せながら敵の動きに合せていくところに禅の極地にも似た妙諦が秘むわけである。

敵手が剛で来た時には柔で応じ、これを制し、柔で来た場合には剛を以て応じ、これを断ってしまうのである。この武道の奥義を最も端的にしかも分りやすく現わした「三戦、転掌」の構えは他に類をみないであろう。

人間の心身と呼吸は密接微妙な関係を保っているように、全生命を打込む武道の極意もまた呼吸の用い方にあるのは当然である。

だから剛柔流には独特な呼吸法が備わっており、稽古の前後には必ず行うことにしている。これが剛柔流の〝息吹〟といわれたもので全筋力の一点集中を行いながら肉体を鍛錬すると共に精神統一法を兼ね平常は無意識にしている呼吸を意識的に調節することによって敵手の動きや呼吸に合せ自己の体調を最も有利な状態に導こうとするものだ。

私が戦後、ヨガを研究するようになってから理解した事だが、ヨガの呼吸法は順序を踏んで段階を経て極に入るのであるが、剛柔流の息吹では段階を経ずに一瞬のうちに極に達してしまうわけである。これが分かったために極に入る順序を稽古の中に予備運動として取り入れた訳である。

ヨガでは呼吸法を健康法として、修練法として、また霊力を開発する方法としているから本質的に息吹とは異るものだ。何故なら、剛柔流の息吹は闘いのためであり、いわば剛の気に満ちた呼吸法だからである。

剛柔流には動物の名称を持った構えが多い。猫、犬、鶴、の構え、そして息吹は獅子の吼える姿を彷彿している。

動物が敵と闘争する時の身構えには一分の隙もなく、全心身の力を闘争に傾注させている。この姿には人間の考えるような不安も懸念もないに相違ない。敵を倒す事だけに一心不乱となっているのだ。これがつまり、我欲も邪心も捨て去って捨身の姿で敵と対峙する武道の極致に通ずるのである。

剛柔流が最も古武道的色彩が濃厚であるといわれるのは、こうした動物の形と息吹を備え、迫力に満ちた武術の原始的形態をそのままに伝承しているからである。だがこうした面は本来、剛の面であり、極致の姿ばかり強調されるのは完全ではない。

闘争の「剛」の息吹ばかりでは一面であり、瞑想に入りながら無我に到達する「柔」のヨガがあとの一面を補うものであると信ずるのだ。

また元来、猛々しく強さを何よりの身上としていた私には剛柔流の「剛」の面しか目に映らなかったのである。「柔」の面を会得したのは神道の行と、大自然の運行に合せた無理のない陰陽の調和を説くヨガとに依ったものであった。

剛（陽）と柔（陰）とが渾然一体となって無限な宇宙生命が展開されていくように、剛柔流の道も、変転自在の無限な武技と、高雅な精神面とが美しく融合され、未来永劫に向って大いなる「道」を進展させていくにちがいないのである。

実技篇

〔剛柔会制定形〕

一、基本形

　弛緩法

　三戦（サンチン）

　転掌（テンショウ）

二、普及形

　太極上段

　太極中段

　太極下段

太極掛受
太極廻受
ゲキサイ、一
ゲキサイ、二

三、開手形
サイファー
センチン
サンセールー
シソーチン
セーサン
セーパイ
クルルンハー
スーパールンペー

四、稽古順序
補助運動

予備運動
鍛錬法
基本運動
基本移動
基本形
開手形
分解組手
約束組手
自由組手
終末運動
弛緩法

三、ヨガ

ヨガの権威野田先生の教えをうく

戦後、まもなく香川幹事長の紹介で野田雄弘（天涯）先生の知遇を得たのが、ヨガを知った始まりであった。野田先生は軍事関係で特殊任務を帯びチベットの奥地まで単身踏査され、チベット・ヨガの精髄を修得して来られた日本人として稀な体験の持主であり、日本におけるヨガの最高権威者と言っても差支えあるまいと思う。先生は八十四歳の御高齢とはいえヨガで鍛えられた身体はかくしゃくとしており痩身に洒脱な風格を漂よわせ今なおヨガの研鑽に余念がない。

野田先生からヨガについて御教示されるにつれて、剛柔流空手道の面にも、また神道の面にも、今まで直感によって把握していた処が理論的に体系づけて解明されていくのを発見して私は驚嘆するばかりであった。早速、空手道の練習方法の中にヨガを取り入れ、剛柔流の極意である息吹も段階を追って練習するうちに基礎練習の鍛錬ともなり練習体系がより充実し合理的になって来たのである。

私自身も、もっと以前にヨガを知っていたなら段階を経た秩序正しい修行によって、がむしゃらな徒労の多かった従来の修行はせずとも良かったかも知れない。今後は、私のごとく体当たりの修行が出来るような余裕のある社会ではないから、順序を追う合理的な修行過程が必要であると思う。

次にヨガの概略を述べていく事にしたいが、これは野田先生の御垂教に依る処が多大であった事を付加えておきたい。

ヨガとは

ヨガは数千年前、インドにおいて始められた。その目的は、肉体と精神と霊との訓練向上を期するもので、宗教でも教儀でもないから寺院も儀式も教理も持たないのである。

それは肉体の完成から始って、自覚の方法を辿り、最後は霊の発現を成就せしめるものである。

こうして、肉体の完成の道中において、治療的効果、健康保持、若返り、などの効験が極めて顕著であり、他方、現代文化の頽廢的様相は心身共に憂慮すべき方向にあるので、東西の先覚者はその防衛上、直感的にヨガを重視し始めたのである。

精神面から見たヨガ

ヨガの本質は結合するという事だ、自己の生命と宇宙の全体生命と結合するのである。

幾千年の星霜を経てヨガの先覚者達の淘汰を受けて修行者の個性と必要に応じて異る種々の体系が生れ一口にヨガといっても次のような種類がある。

ハタ（Hata）
バークティ（Bhakti）
カルマ（Karma）
グナーナ（Gnana）
ラジャ（Raja）
ラヤ（Laya）

現在ではもっと細別された種々のヨガが増加した。いずれも境遇、環境に適応する各自の特長を備えている。

今世紀中に発達した科学は、人間のあらゆる肉体障害の克服に対処する方法は進歩したが肝心な精神統御という領域は、まだ未開発である。精神病理学の面から見た統計では、現今の罹病者の六割から七割までは、心の病、すなわち精神面の病気を原因としている。

ほとんど多くの場合、病因は心の悩みに基因するといっても過言ではなく心理学的にいえば十二人中の五人は精神治療、あるいは精神的助言の必要を認め、更には十二人中の一人は、ある期間中精神病院に収容する必要を認める程だといわれている。以上から見ても現代における人間の問題で最も悲惨な証拠は肉体ではなく全く精神面にある事は明白である。

ヨガはその語源が古典的梵語 Yuj か、拉丁語 Jungere となり、英語で Yoke、即ち器械（連結、又は結合する器械）という意味で、Yoga には又 Harness 馬具（引き具）をつける意味を有し、ハタ・ヨーガで、肉体の訓練をすると同時に心の統御即ち精神の管理統制を詳しく説いている。ここに初めて無病強健の理想的人格を建造し、社会人生に役立つ人造りが出来上がるのである。

ヨガの行に依って身、心の完全建設が出来た暁、更に進んで身体内に潜在する霊的能力の発現に及ぶのはRajaYoga王のヨーガ的訓練だが、これは多分に奥義的Esotericの秘密的のものであり、古来師匠より弟子へ、口伝的に伝えたもので、遠くはエジプトやヘブライ文化の遺産であり、西欧の神秘学や錬金術者間にも理解され、大いに重要視されていたわけである。

ヨガの行法

人間の生命は、刻々に墳墓に向って葬送の曲を奏でつつ短命の途を辿っている。生も死も等しく自然の両面で、一つの力は外から人間個性の中心に働いてこれを隔離しようとし、もう一つは内から外に働いて永久性を持続しようと努力している。外からの力は、我々を死の方向に引き、内の力は経験の単位を集合して生命維持に努めるのである。両方共に人類の創造進化を為すものであり、人間というものを完全に理解するには、先づ第一に人間を構成した要素とこれを持続していく力が何であるかを充分吟味する要がある。

ところがこの微妙な抽象的な力（エネルギー）なるものは眼に見えない。身体を構成する肉体は我々の感覚ではっきり分かるが、身体を動かしている無形のエネルギーは、やはり無形の精神的認識の力を借りなければ分からない。ヨガはこの認識を可能にする方法で、その目的達成には、次の六つの害敵を征服する事が主要目的であるとしている。

一、性欲や、その他の悦楽
二、他を害せんとする衝動
三、財宝及びこれに類する富の獲得
四、実在真我に対する無智
五、家柄、富、学問の誇り
六、嫉妬

これらのものを征服するには、ハタヨガの八支の行、ラヂャヨガの教えに従っ

て行うべきである。八支の行は内外の二種に分れ、外のものは、

一、ヤマ
二、ユヤマ
三、アーサナ
四、プラナヤマ
五、プラチャハラ

内のものとして

六、ダーラナ
七、ディヤーナ
八、サマーディ

の各種で行者は各自の環境に応じて自分に適応する原理を選択して採用する。

右の一、二のヤマ、ユヤマは専ら精神訓練で、あらゆるヨガ行の予備的条件で、その目的とするところは強烈な情緒の奴隷となる事から逃れ、完全に心の平安を計り個人の満足感を発達させるのである。

特にヤマは肉体個有の悪の傾向を制御する倫理宗教の最高道徳的格言を含むもので、仏教の禁戒即ち、殺生、妄語、偸盗（ちゅうとう）、邪淫、貧慾を禁ずるものにあたり、ユヤマは勧戒の清浄、満足苦行、学論、念神にあたる。

アーサナ（姿勢）は六十四種もあり、その基本的なものは、

一、パドマサナ
二、シッダサナ
三、スワスティカサナ
四、ヴァジラサナ

などがある。

ハタヨガについて

ハタヨガは色々のアーサナ（姿勢）やムードラ（印型）を規定してあって、これが実修によって容易に心の統御を為し、健康を確立し無病健全の身体を造り上げる。その為には、プラナヤマ（呼吸法）が一番有効且つ肝要なことで、このプラナヤマが巧く上達すれば、身体中の神経が浄化され、茲に〝蛇の力〟即ちクンダリニのシャクテイ（法力）が発生し、精神集中による、心の安定と肉体の敏捷強壮状態が得られるのである。而してこの呼吸のコントロール（統御）とクンダリニ法力の発現は、何処迄も教師の指導を仰がねばならない。

ヨガの真の目的は単なる通力獲得にあるのではない。この点をよく心に明記して置かねばならない。ヨガは常に、真の知識の修理に一心を捧げることで、この真知（ジナーナ）こそ解脱に導く唯一の途で、恰も鳥の両翼、車の両輪のごとく、カルマヨガとジナーナヨガが、両々相携えて開悟の到達になくてはならぬ好適の配合となっており、あらゆるカルマ（業又は善行）はジナーナ（真知）の獲得に献身せねばならぬ訳である。

それからハタヨガの実修に関しては、そのところに大なる誤解の伏在している事を忘れては一大事である。それはこの行のある種のものは非常に辛酷な方式のものがあった。

不用意に実習すると恐るべき結果を招き、甚だしきは一命を失う様な取り返しのつかぬ不祥事が起り得る可能性があるから充分に警戒を要する。

ハタヨガは、体操に毛の生えた単なる肉体建設の健康法位に、軽く取扱って乗っ掛かると霊力発現の途上において、無病強健の抵抗力に欠けている者は、場合により油断のならぬ障害を起し、又は全然発達の閉塞をきたすことがある。それにはアーサナとプラナヤマの正確な修得が絶対必須要事で、タントラヨガの面からいうと、このハタに継いで修むべきものに、アスタンガヨガを主張している。このアスタンガヨガというのはプラチャハラ（制感）、ダーラナ（執持）、ディヤーナ（禅定）の様な霊力発現の段階で行うものである。

プラナヤマ（呼吸法）

特に、息吹とも深い関連性をもつために紹介する事にする。一般には呼吸の調整という事になっているが、ヨガ行者は人の年令を計算するのに年月を以てせず、呼吸の数を以てする。つまり人が呼吸を消費してしまうと、早世が訪れ、これの調整ができれば長生きとなるわけである。

それ程に、このプラナヤマが重要視され、単に生命の延長ばかりでなく、俗にいうミラクル（奇蹟）即ち霊能力というものも、この力に依存するのである。それでこのプラナという事については、欧米の修行者達も、その定義の理解に難渋している。これを生命力、活力源、又、宇宙精力などの熟語を以て解義しようとし、これは実に宇宙創造から発した生命現象の根源であるから宗教はもちろん、哲学、科学の根本問題であり古来ヨガが学問の王者といわれる根拠である。

プラナは宇宙精力の根源であり、実はこのプラナというものの把握が出来ているかどうかが懸ってヨガ行の核心を為すものと確信している。プラナが身体に入っている間は人間は活きており、これが欠乏するか抜け出れば直ちに死が訪れるのである。

呼吸をして空気を吸い酸素を入れると同時に、特別に憶念を以てプラナを吸入し体中のチャクラに入れることがヨガ行の根本問題で、このテクニックが即ち、プラナヤマである。但しこれは前述のように生死の分れる大問題であるから健康はもちろん、治病にも長寿にも欠く事の出来ない緊要事項で、従ってこれが実行法も随分込入った深い理論と研鑽努力がいるので、慎重に実修しなくてはならない。

プラナヤマで重要な役割を果すのは横隔膜である。胸部と腹部を区別している強い筋肉の隔壁は休時には胸腔の方へ弓なりになっており活動時には平らになっていき、腹部器官を押し下げて外側へ腹部を押しつけるわけである。

ヨガの完全呼吸というのは、肺の上葉、中葉、下葉にまんべんなく空気を送り込むものである。深い呼吸によって肺の上中下が満たされ、浅い呼吸では上部、中部しか満たされない。

この横隔膜が規則正しく働くことにより腹部器官がマッサージされて生理学的効果が顕著になる。この横隔膜は剛柔流の「三戦」の息吹では動かないのである。この点でもヨガにより私は息吹だけでは充分でない事を理解したのだった。

ヨガの極致であるサマーディに到達するまでの必要条件は一、意識、二、姿勢、三、呼吸であり、この三者の一体によりいくつかの段階を経て極致であるサマーディに達するわけだが次にその段階を説明していくことにしよう。

サマーディに到るまで

一　プラチャハラ（制感）

制感は神経管理で、外部の対照物に引かれる感覚機能を強制的に引き戻す事に依って、抽象的観念を生ぜしめ、これに依って鎮静と勇気を喚起し、外部に向う心を内向的に、内省的とし内なる真義を発見する様な瞑想観を為すための手段として心を一点集中、すべての行為的結果を顧みず、ひたすらこれを行う事にのみ専念喜悦を感ずると同時に外部的感情を制御するものである。

だから制感の行は主観の力を以て、客観的外境を制し網膜に映写して来る外物に捉れる事なく毅然としてこれを制圧し禅（臨済）の四科簡でいう「奪境不奪人」に匹敵する様な対境滅却の行で、内観的瞑想の中に浮かぶ主観的想念のピッチを高揚するが、この次のダーラナ（執持）の前行業を成すものである。

二　ダーラナ（執持）

一種の精神統一であり仏教で心猿に譬えられた我々の心が、常に間断なく、前後左右に散乱飛躍する無統率の厄介なものを、しっかりと一本に掌握統御して、散乱放逸を防ぐことである。つまり意識を一処に集中して観念の不動を作り瞑想の上台を築く行である。

三　ディヤーナ（禅定）とサマーディ（三昧）

これは文字では詳細を論ずる事は困難であるが、ヨガから見た方法は誠に合理的で長い間の伝統実験的なもので実地の研鑽を積む必要がある。

ディヤーナは心が無念無想になって、意識作用と完全に一つになっている状態である。

物事の真実を把握する為には、そのもの自体をありのままに受け取れなくてはならない。そのためには、平静心、平静体でなければならないが平静となるためには無対立、無条件でなければならず、要求を持ち、死別を持つから乱れて来るので有無を超えた状態、即空になって初めて、全受心、全受体となれる。それは一切の邪魔物が無いから、ものの真実がそのままに映ずる、この境地を否定、肯定を共に超えた絶対境に悟入したというのである。

この様な状態をニルヴァーナと呼び、この境地に入るための行法をディヤーナというのである。しかしこの境地ではまだ、自己心と対境との間が一枚になったとはいい乍ら幾分かの区別がある。

全てをそのままに受け、それを活用して自己も生きる、この知慧のことをハンニャ（般若）といっているのである。

サマーディは法悦で、自己の一切が無くなって対象のみが輝いている。即ち、神我一体、自他一如の世界から、更に進んで神のみ、他のみが輝き出すに至るので、この時には神意が、そのまま自己意志として働くのであり、自己の生き方がそのまま自然のリズム（真実）にヨガ（結びつく）するのである。

これが最後の最上位の行法で目的地である。この時プランクリティ（自性）が消えて、プルシャ（実在）のみが輝き出すのである。そして自己内在の霊性（アートマン）が宇宙の大霊（ブラフマン）と完全に融合合一するのである。神人合一という境地である。

瞑想禅定すればこの様な寂かな浄らかな楽しさを日々享受できるのであるが、雑念、妄想がなくなって真実が表れてくるからでありそれによって心理生理が中心肚に統一されて、心の安定と体の安定が自然にとれて何処にも無理がなくなるのである。改めて生理学的根拠について述べなくとも、つまりは自律神経や内分泌腺が、コントロールできるからである。

クンボハカ（満相）

修法中の満相という事は大切な事で、昔から名人の彫刻は一刀一尖が生きているといわれるのは、この満相の時に刻んだ線であって吐く息、吸う息の時に引いた線、即ち虚相や実相の時に引いた線は死んでいるものなのである。

このクンボハカの時には条件がある。それは満相に移ると同時に肛門の括約筋を締めることである。これは剛柔流の「三戦」の形でも同じことである。

この括約筋は赤子の時は皆引締っているが、四才五才となるにしたがい段々と緩んでくる。

幼子が次第次第に智慧づきて
仏に遠くなるぞ悲しき

といわれるように、清純無垢の赤子が大きくなるにつれて欲が生じ誘惑などに染まり、仏心を失っていく事をいったのであるが、これは肛門が開いて清浄の気が逃げ出してしまう事に通じている。

人間は年を経るにつれて肛門が開き、終には開放になってエネルギーは逃げ放しになる。そこでこの修法が重要になって来るのである。

七つのチャクラ（人体の神秘性）

人間には意志力、智力、感情力、の他に神秘性というものがある。現代科学では解明できぬ「人間の神秘」に属する事柄である。（写真・274頁参照）

人間の備える五官は物質面における感応だけであるが物質の奥に秘む神秘の世界を解明するには第三眼ないしは霊眼の働きに依存しなくてはならない。その第三眼と呼ばれる官能が医学では脳下垂体（粘液腺）と呼ばれるホルモン分泌の源泉なのである。

この霊眼の働きが出るという事は、頭蓋骨の中にある陽の極と脊椎の一番下にある陰極、つまりピシュヌとクンダリニとが結合し、完全な平衡状態を創り出した時に「開眼」するのである。これが意識の最高水準でもあるわけで個々人の意識は「超自我」、すなわち神人一体の境地である。

この場合、陰極のクンダリニは常に陽極のピシュヌと一体になる機会を待ち、クンダリニは脊椎の神系中枢を上昇していきピシュヌと結合するわけだが、その途中の神系中枢はクンダリニが上昇する際の停り場がチャクラと呼ばれるのである。つまりチャクラは、エネルギーとプラナを貯えるためのトランスやバッテリーである。これらの働きは平常は休止しているが意識を統制しようとするとこれらチャクラは一つずつ呼び起されてくる。

全身の七個所に現れるチャクラの場所を指摘すると第一にクンダリニ、第二に陰会部、第三に臍部、第四に右の脇腹、第五に心臓部、第六に咽喉部、第七にピシュヌの脳天、以上が霊眼の分枝なのである。このチャクラの目覚めにより次のような効果が現れてくる。⑴全身が若返えり、長生き出来る肉体組織になる。⑵頭脳の働きが良くなる。⑶大きく豊かな心持になり愛の心に満される。⑷全身の機能に調和が取れるようになる。

こうした人の心は宇宙の心と結びつき、宇宙の無限の智慧とエネルギーはその心身に満ち満ちて人間の神性が完成されるのである。ヨガ修行について野田先生の教えを次に紹介しよう。

ヨガ修行の第一歩

ヨガ行に入る第一の関門は、先づ健康にある。昔から健全なる精神は健全なる肉体に宿るといわれるが、ヨガではその肉体と精神の上に更に微妙な霊体を要求する。

世間多数のヨガを志ざす修士が、幾多の年月を徒労に費し、所期の目的が達成されず、一見容易に思われた練成が随分むつかしく余程の努力と忍耐を以てなさざれば願った結果は得られず、成功したものは、まことに暁天の星の数で、到底並大低では不可能の事とあきらめて、折角宝の山に入り乍ら、手を空しく帰る阿呆者のそしりを受け、家族や知人に対して面はゆい事を感じ、何か一寸普通人に立越えた技能はないかと、溺れる者は藁をも、の譬えで、とんでもない邪霊やインチキの胡麻化し霊術者の門に入り、貴い高い神性を一生台無しものに自分で値下げし、眼が醒めて臍を噛んでも間に合わず、否死ぬ迄無明の夢が醒めず、彼の世迄も持ち越して、再び浮かばれぬ地縛霊の輪廻転生という気の毒な境涯に落ち込む者滔々として指を屈するに暇あらずである。

古来道を求むるもの牛毛のごとく、これを獲た者麟角の如しと言われているが、是は最後の目標最高峰登攀のことで、今日の修士が適格の師を道標としてヨガ行にいそしむならば、運動競技者の行う半分の努力で一人前の師匠たり得ると、健康ヨガの導師はいっている。ただ措しむらくは今日の修士は、一般競技家の有する根気、即ち忍耐力に欠けている点で、もし修行者の身体が適合敏活でありさえしたら、普通人の程度で成功疑い無いものである。

先づ実行面の第一要件は、正しい姿勢にある。此の姿勢が根本要義なる事は、あらゆる芸術の達成に欠く可らざる必須事項で、日本古来の武道も、茶道、謡曲、舞踊、書画、彫刻の神品達成も、万般の道は此の基本を逸脱しては、本物の恰好が出来上らない。此の難関突破に力を注いで成功しなければ、如何にアーサナやプラナヤマを数重ねても、魂の抜けた傀儡(かいらい)で、如何に年月を続けても得る処がないのである。

是偏えに自らの努力に加うるに、教師先輩の厳密な指導監督を必要とするところである。此処迄来ると、ヨガの修行は決して書物や写真の概要を見て、猿の人真似、鳥の行水では無謀の極みである。然し熱烈な講究心があるものならば、何としても直接指導に接する機会を作ることが肝要であるだろう。

ヨガと健康

物質で以て出来ている身体は、霊魂の殿堂である。眼に見える肉体は、何処迄も物質で構成されている肉魂であるが内に蔵する霊妙な働きの主人公（真我）は、一点汚れざる無始無終の円満霊智の一大光明体の分身である。此の分身を宿す肉身は、貴き神殿だから、ヨーギン（ヨガ行者）は、これを強健且つ精力的に保たねばならぬ。常に健全で輝くばかりの壮健体を持っていなければならない。健康という事は自然の法則と合致することであり、それには新鮮な空気を、リズミカル（律動的）に呼吸し、清浄な簡単滋養食を充分睡液を混ぜて、思う存在咀嚼して心静かに玩味して、飽食せず腹八分目に節食を守るべきで、印度に於ける厳重なヨガ行者としては、胃袋の半分は食物、あとの四分の一は液体、その残りの四分の一は何時も空にして置いて、プラナを入れる様に心掛けている。又適度の運動は血液の循環を好くし、神経を強壮にする。病気の徴候があったら、直ちに食を止めて絶食を決行する。そして毎早朝と寝る時更に昼間は二時間おきに清水を五口宛頬張って飲む。それから午前の九時から十時、午後の四時から五時の間に日光浴を為し、直ぐに浴槽の中で二十分間だけ背柱浴をしてから、普通の全身浴をやり、その後冷水で全身摩擦を行う。そして腹をなるべく空っぽにして、決して便秘はさせないことにするが、一方滋養と排泄には大変気を配ることである。夜の睡眠は六時間とし、くだらぬ書物は読まぬ事と、雑談、無駄口を禁じ、総て見るもの聞く事及び、性器と心の持ち方に特別の注意を払い、修法ではナウリアサナ（Nauli-Asana）プラナヤマ（Pranayama）、律動歩行と、日々少くとも四十五分間以上の瞑想を実修させ、身を持する事謹厳に意義ある行動と神聖奉仕を守らせ、常住神に祈り慈悲憐憫、純潔、道義心、沈着、平等観、誠意等の諸徳を涵養させつつヨガ的健全壮康を盛り立てるのである。

弛緩法（Relaxation）

先づ弛緩法から入る。グニャグニャになる。緊張を完全に緩めてしまうのである。禅定の坐を組むのに、滞りがあって組んだのでは真の統一に入れるものではない。雑思（坐っては色とか恋とかの雑念を持つと坐り様でわかる）及び姿勢の不正を匡正しなければ座禅も、この処より入らぬと本物にならぬ。

首のうしろに力を入れぬ様になっている。聳直（しょうちょく）するには仲々ならぬものだ。真直になれというヨガの方では、ああいう姿勢でも、凝らず、無呼吸になってしまう。

動静二境を超えた処に行くのだが、此の処に出ぬと、血液の乱れ皮膚呼吸も完全ならず、胎息は道にはいらない。下ッ腹に単に力を入れて、グツグツと入れてしまうと鬱血して、統一迄行けぬ。ヨガのリラキセーションに入って、それから入るとよろしい。凝ってしまっている肉体を、解いてから行うのである。

弛緩法の実際

毛布二枚位で枕無し（厚い布団ではいかぬ）、その上に寝て弛緩する。双足三十度に開き力を抜く、一寸でも緊張があってはならない。双手は掌を上向、体側より二拳三拳離す。先づ全身を解くのだが、各肢体を分割して行うのが、やり易い。反動をつけて行う、足、手、胴、首、内臓器、と節をつけて行っている。

1. 足＝足先―足首―脛―股付根、に順々に力を入れて緊迫吸息しつつ吸い終ると、今度は吐き出し乍ら入れた時の反対に力を抜いて解きグニャグニャにしてしまう。

2. 手＝指先―手首―肘―肩付根、入れて抜く。

3. 胴＝腸―腹―胸―喉（表）。同上

裏側＝尾底骨―仙骨―腰骨―背推―首骨。（同上）

4. 頭＝全髪―頭皮―頭骸骨―双眼―両耳―鼻―口唇の緊張をとき下顎を静かに下ろす―咽頭―勁対。（同上）

5. 内臓器―左右肋骨―肝―脾―横隔膜―心臓―副腎―胃―包腸―空腸―盲腸―上向結腸―横向結腸―下向結腸―S字型―肛門―髖骨―恥骨―睾丸―ペニス、を取ってしまい、最後に無名骨をとってしまう。（同上）

意識を抜くと自づから湧いて来る感情が出る。押え様とせず、放って置くと静まる。八万四千の全身の細胞の意識を体外に出す。エーテル体に預けてしまうことだ。エーテル体に預ける観念を持つ。アトム一つ一つコンシャスを持っているが、これを無くしてしまうことである。

弛緩法とは、死の骸の形を執ることである（Died pose）これほど精力の増えるものはない。空っぽにしてしまえばエネルギーが入る。禅僧が指導する際よくいう事であるが、満水にしてあるコップを与えて、これに水を入れて来いと、処が才智俗学があるから入れられない。そんなものは捨ててしまってからでないと、入らないぞと教えている。

体の中に、高い神我、真性、神聖が入る。先づ、ひっくり返って弛緩法を行って空となること。日常些事の間でもこれをやって、呼吸法を行う。此処で本論のダイナミックブリーディングを行う方法を述べよう。

寝たるまま、弛緩法に於ける開いた足を揃え、左手を横隔膜の処（水落ちの処）へ当てる。右手を其の上に重ねる。此のままで呼吸をする。腹の中へ圧力を加えるのである。一遍全部吐き出す。吐く息の動作につれて圧して行き、胃の底部を押上げてやる様にして、肺の空気を排気させてしまう。手先に力を入れないで加圧して助けてやる。手は飽迄も添え役だ。吐息に音を出してはならない、消耗する。音はない様に。力まず横隔膜を上げる。これを押す左右の手が役立つ（自から横隔膜を上げる運動に手の圧が加わるから完全に排空される。横隔膜を息を吐出すと共に上げて行き、此の時は水落ちに当てている左右手を加圧する）。

吐き終ったら、今度は手を使わず空気を、プラナを吸入れる。満空に入れる。入れつつ横隔膜を下ろす。此の時は水落（胃部）が堅くならない様、当てた手で注意させ乍ら、下腹を出しつつ大きく入れ、もっと入れる。此の時腹部に畳み込んで入れても宜しい。吐き出し、吸ひ入れる時絶対に鼻を以ってする。口は不可、呼吸六回、七回目の吸った処で、清浄呼吸　グリーディングブリーディングに移る。満空にした（寝ているままで）処で、双手を両肩にとり拳を握り、全身に全力を込めて、（此の動作は吸気と共にする）最終の空気が入り終った瞬間、パッと一度に放す力と同時に吐き出す。これから（吐き出した途端から）弛緩に入る。

神経力が高まる、始終やる呼吸法であって、宇宙に遍満するプラナが入る。クンボハカはこれが進んだ段階だ。

世の中が進化と称される様になるにつれて、横隔膜の呼吸が退化すると西欧ではいっている。太陽系叢、直感力、無意識の宿っている処がよく目覚め、心の、姿勢の出来た人となり、体の不純分がいっぱいの人でも、組織間の不純分がとれるものである。清浄になり、血液が酸性にならず、バーランがとれ正調にのせて呉れる。ハーモニ（調和）のこの大道にいつもいられる。

新陳代謝が強まる。エネルギーが高まる。肉体、精神活動がヘロヘロでなく旺盛となり、体が参ってしまうことなし。エネルギーを増やし抵抗力を強くする、乳酸燐酸分を排き出す。

日常生活態は、緊張、弛緩の交互の取り合せに心掛けが肝要で、これを調和する体という。何処迄も調和、陰陽の調和、呼吸法もまた調和である。
道を乱さないで、高いものに行く。静かな永い数少ない呼吸がよいのである。

本能完治力

今の世の教育という部面では、総てが科学、サイエンスというもので支配されているが、人間生活の部面では、鎮静剤とホルモンという二つの種類で圧倒されている状況である。そして真の復活に関する理論というものが、甚だ狭少の範囲でしか知られていない。

恰んどのものは、所謂徴候的治療で、本人の症状を基礎にして行われているもので、実際病根排除という事には誠に無関心である。

一体症状というものは、病患の一部的表現であって、決して病患そのものではない。

医師というものは、専ら病気治療という事に忙殺されて、患者を全体的人間（綜合的有機体）として研究せねばならぬ点が沢山残されている。医学界に起る日進月歩の発明研究は実に数限りなくあるが、患者に関する研究は全然棚上げの状態である。例えば、茲に一人の患者があって、身体の一部に疼痛を感ずるとか、又は不眠疼痛無感の様なことを訴えれば、先づこれが症状を軽減する為に投薬が施され、病気の真源を究めて、根本療法を行うという様な事は恰んど顧みられない。従って患部に対する四肢の切断、体内器官の排除という事が無雑作に行われるので、結果永年の不眠症を患い終生精神科病院の永久会員とならざるを得ない様な人生悲劇にまで到る。

一方毎日の新聞広告で病気に対する魔術的効果があると宣伝される新しいホルモン剤が現れているが、不思議な事に何人も自分の体内に備わるホルモンの処置をして、自身で立直る工夫に心を配る者のいないのは一体どうしたものであろう。

しかし死体動物のホルモンなるものが、一時的でも病患部に驚くべき効果があるとすれば、どうして吾々、人間生身の活性ホルモンが永久的に心身の違和を直す事が出来ぬものか。生命を失った動物の内分泌腺が冷蔵庫に貯蔵され、この冷凍された腺が化学的に抽出される品物であるが、このものと一方生きている人体内のホルモンが、何千年来貴重な体験と実績を基礎として築き上げられたヨガ行法の操作による、機能振興の為、発生する自然発生物との間にどれだけの効果的差異があるかは、治療問題に関し全然無知か又は、間違って報告されている人々の間では、何等正しい判断に苦しむであろうが、自らの治療を全然他人任せに委している者は例え一時的に若干の効果を認めるも、無意識的に退化の現象に追い込められつつある事は否めぬことで、若し病気が再び元の状態に復せば、今度は前より更に極端な治療法に俟（ま）たねば、患者は満足せず遂には慢性的の悪症状を招来する事になり最後医学に信頼感を持てなくなって、本来仁術的なるべき医学と職業医師を呪うごとき対蹠（たいしょ）的気分に陥るは誠に遺憾千万の事に属するのである。

　ヨガの心理学は如何にして、汝自身のホルモンを以て自己の病気を治すか、又各自の心の持ち方に依って自身の精神を鎮静させるか、その自己の体内より抽出させるホルモンを自らの心身調整に如何に応用すべきかのことに関し、真剣な態度で臨めばヨガの心理学は完全にこれが指導の任に当るものだ。ヨガの心理学が教える処に依れば、想念なるものは宇宙エネルギーの表現で、このエネルギーは建設と破壊の二つの機能を有し、然し行者が高い想念を抱けば、その者の肉体と感覚と精神を建設的にし、然し低級の想念を持てば彼等は破壊の運命に遭うて貴重なるエネルギーは消散し、心身羸弱感覚亦痴鈍となるを免れない。

高い想念は腺の内分泌を旺盛にし、間断なくこれを血管に流入し、オジャス、シャクティ、(Ojas Sakti) を形成します。ホルモンエネルギーの精をオジャスと呼び、道教でいう(キ)に当るもので、吾人の神経系統なるものは常にこのオジャスのエネルギーを運営する重要な役割を為す貴重な器官で、鋭気充満の活人を造るにはこのオジャスの蓄積を以て根幹としている。このものにオジャス、パラオジャスの二種があって両者共に心臓に供給されて居り、これが供給途絶をすれば、立所に生命は絶える。又、パラオジャスは常住血管を通して全身を養うと同時に、精神と肉体両面の病気を治療する。而してその供給量欠乏すれば、忽ち心身の違和を訴え病患者となるのである。

このように想念は右両種のオジャスと密接不離の関係を持ち、これが誤用は直に精神面に現われ、続いて肉体面に影響し遂に患者として病理学的分野において種々の症状を現わすのである。

以上の記述に依り、人間の病気は、その原因の大部分は想念の結果なることが明らかで、想念こそ全く人格挙措（きょそ）及び、生命の主導者であり、増悪という想念は常に復仇という想念を伴い恰も一種の風が容易く巨木を倒すごとく、情欲憤怒その他の物欲を懐抱するものは結局その身の破滅を招き、無制限な感覚欲に恥る者は飽食懶惰（らんだ）に陥り、活力衰えて遂にその身を亡ぼすに到ることは世上一般の定律、慎しむべきは想念の一事、常住坐臥清明高潔の情想を持続して、健全生活の目標を忘るることなき様、これこそ心潔くして体健なるモットーの完全表現で、ヨガ行者の驍（ぎょう）、延年益寿の良薬、真元到達の捷径（しょうけい）なれば、拳々服膺（けんけんふくよう）して自己の病魔を征服し、他の病魔を治療し得る菩薩行の達成に努力すべきである。

全日本空手道剛柔会組織表

名誉会長	閑院純仁
会長	山口剛玄
副会長	曺寧柱
理事長	宇治田省三
常任理事	打揚憲造
	上原三郎
	森山泰治
	多田正剛
	片野金吉
理事	八尋静雄
	木村庫之助
	山口剛正
	幡山　寿
	石郷山勇治
監事長	香川治義
監事	岩上長興
	石本修司
	山口剛仙
沖縄剛柔会会長	八木明徳
沖縄剛柔会副会長	宮里栄一
参与（熊本空心会）	野添和男
参与（京都研志館）	松尾和行
事務局長	野長瀬基康
総務	平井和市
本部付師範	香川治義
	山口剛正
	山口剛仙
	浦川良博
助教	田崎修司
	山本権之兵衛
	小沢　誠
	山口剛史
	下徳睦男
	松浦峯和
	吉田正夫
指導員	池田明美

上記の情報は 1966 年（昭和 41）の出版時のものです。

矢部久忠
斉藤一光
川村昭司
川村時彦
高橋　武
中島　一
泉田伊佐夫
慶増尚武
深利勝之
小磯恭男
小川育夫
関　壮吉
有元宏直
岡松敬介
鶴岡孝夫
中村隆昭
高橋紀男
大坪　健
小島士郎
後藤文彦
福田哲也

村野増弘
楠　一郎
船木治光
馴松義富
戸田昭夫
片川典夫
増山育宏
小熊昭男
坂巻正夫
寺田伸一郎
大西謙一郎
中島洋吉
清家　朗
池田　喬
許圭玫

剛柔流開祖・顧問・相談役

開祖
宮城長順

顧問
安倍康蔵
今井祐甲
石川瓢骨
石川正通
牛島辰熊
内山　順
小川半次
小沢専七郎
古海忠之
迫水久常
瀬戸山三男
糟谷磯平
園田　直
田中伊三次
田中栄一
中沢　茂
松永　東

相談役
南村国雄
村瀬玄妙
安井　謙
山崎信雄
渡　幸吉
青井　進
東　五郎
稲村正雄
植田徳三
桂山光太郎
川道甚太郎
北見義男
紺野直吉
斉田　懋
諏訪大吉
谷口勝一
高橋康彦
玉利信蔵

上記の情報は 1966 年（昭和 41）の出版時のものです。

渡口政吉
平田政蔵
富士松亀三郎
宮崎清隆
水田勝三
山本香橘
与儀実栄
（以上あいうえお順）

〔地区本部・支部・道場〕

全日本空手道剛柔会本部
東京都文京区湯島

関東地区本部
東京都文京区湯島

東京都支部
剛柔館第一道場・剛柔館第二道場・城北第三道場・浦川道場（神武館）

千葉県支部
（千葉県銚子市浜町）
八街地区道場・銚子市空手道場・柏市空手道場

神奈川県支部
（神奈川県大和町深見）
神奈川磯子道場・藤沢道場

茨城県支部
（茨城県鹿島郡大野村居合）

栃木県支部
（宇都宮市一条　宇都宮道場）

群馬県支部
（群馬県勢多郡白川村女淵）
鈴木道場

富山県支部
（富山県高岡市内免中町）
高岡道場

福島県支部
（福島県川俣町）

東北地区本部
（秋田市手形字山崎）

秋田県支部
（秋田市手形字山崎）修武館秋田道場・修武館北秋支部・本所市空手道場・横手市空手道場・県南連盟・修武館仁賀保支部・修武館本荘支部・大曲市空手道場・亀田空手道場・南秋田空手道場・男鹿空手道場・仙北空手道場

上記の情報は 1966 年（昭和 41）の出版時のものです。

中部地区本部

（岐阜県土岐市上岐津町土岐口）

岐阜県支部

（岐阜県土岐市上岐津町土岐口）

岐阜拳修館道場

愛知県支部

名古屋市空手道場・岡崎市空手道場

静岡県支部

（静岡県榛原郡相良町福岡）

静岡空手道場

三重県支部

（三重県桑名市西中央町）

桑名道場

甲信越地区本部

（山梨県甲府市中央区）

山梨県支部

（山梨県甲府市中央区）

紘武館

峡南支部

（山梨県西八代郡市川大門町）

峡東支部

（山梨県東八代郡石和町）

新潟支部

（新潟県柏崎市杉波町）

佐渡正剛館道場

関西地区本部

（和歌山県和歌山市南汀町）

京都市支部

（京都市東山区今熊野）

清武館道場・同志館道場・誠志館伏見道場・宇治黄檗山道場・亀岡市道場

大阪市支部

（大阪市西成区旭北通）

修道館道場

奈良県支部

（奈良市登大路町奈良県庁内）

和歌山県支部

（和歌山県和歌山市南汀町）

拳武館本部道場・海南拳武館道場・新宮拳武館道場・田辺拳武館道場

兵庫県支部
（姫路市別所町別所）
正剛館本部道場・加古川正剛館道場・高砂正剛館道場・京都正剛館道場・姫路正剛館道場
滋賀県支部
滋賀正剛館道場・彦根正剛館道場・奈良正剛館道場・東福寺正剛館道場・佐渡正剛館道場

中国地区本部
（岡山県倉敷市平和町）
岡山県支部
（岡山県倉敷市平和町）
正拳館本部道場・玉野市正拳館道場・岡山市正拳館道場・日輪館道場・岡山補武会道場・備中館道場
鳥取県支部
（鳥取県東伯郡東郷町野花）
東郷空手道場・鳥取県空手道場・米子洗心館道場
島根県支部
（松江市奥谷町）
島根県空手道場

広島県支部
（広島市空手道場）
山口県支部
（山口県宇部市東区松山通）
宇部正剛館道場

四国地区本部
香川県支部
香川道場・高松剛柔同志道場・小豆島道場
高知県支部
高知正剛館道場

九州地区本部
（福岡県筑紫郡春日町須玖）
福岡県支部
（福岡県筑紫郡春日町須玖）
福岡剛柔館・天祥館道場
大分県支部
（大分県大分市外堀通り）
仁武館大分道場
鹿児島県支部
鹿児島大同館・鹿児島大口正剛館

上記の情報は 1966 年（昭和 41）の出版時のものです。

〔本部長名〕

関東地区本部

本部長　曺寧柱

本部付　香川治義
　　　　岩上長興
　　　　古川善信
　　　　岩井　清
　　　　鈴庄利博
　　　　柄沢澄雄
　　　　山口剛仙
　　　　林　祐司
　　　　中田通信
　　　　浦川良博
　　　　吉田正夫

東京都支部長　香川治義

千葉県支部長　林　祐司

神奈川県支部長　岩上長興

茨城県支部長　椎木有道

群馬県支部長　鈴木松寿

富山県支部長　中田通信

福島県支部長　本田次郎

栃木県支部長　小沢　誠

東北地区本部

本部長　石郷岡勇治

本部長付　佐川充雄
　　　　　佐藤　忠
　　　　　伊藤和也
　　　　　小笠原希悦
　　　　　山岸　登
　　　　　加藤郁雄
　　　　　佐藤弘恭
　　　　　佐藤　優
　　　　　佐々木求
　　　　　清水重信
　　　　　田村祐辺

秋田県支部長　佐藤　忠

中部地区本部

本部長　片野金吉

本部長付　佐藤忠正
谷口忠夫
此本　孝
渡辺武男

岐阜県支部長　片野金吉
愛知県支部長　渡辺武男
静岡県支部長　此本　孝
三重県支部長　早川寛明

上信越地区本部

本部長　小倉庸義
山梨県支部長　小倉庸義
新潟県支部長　小山田晃一

関西地区本部

本部長　宇治田勇三
本部付　打揚憲造
多田正剛
西村　悟
打揚幸太郎
多田平治

浅田台朗
清水清志
村林澄夫
和田　功
宇治田定夫
堰本　功
貴志謙三
西　博明
寒川二三雄
小泉喜英
神谷昌之
荒木祥雄
河合　優
河合　慗
浜口昭二
青木慶太郎
岡田好也
相馬　勇
塩見　明
新谷武文
大柿政治

上記の情報は 1966 年（昭和 41）の出版時のものです。

岩井　達
池内嗣朗
三木　同

京都市支部長　河合　優
大阪市支部長　打揚憲造
和歌山県支部長　宇治田省三
兵庫県支部長　多田正剛
滋賀県支部長　多田正剛

中国地区本部

本部長　幡山　寿
本部付　大賀健男
増田　彰
柏木　勲
来間　康
河野積善
山田正晴
木村庫之助
岡山県支部長　幡山　寿
島根県支部長　柏木　勲
鳥取県支部長　山田正晴
山口県支部長　河野積善
福井県支部長　木村庫之助

四国地区本部

本部長　城　武夫
本部付　安井　豊
香川県支部長　城　武夫

九州地区本部

本部長　上原三郎
本部付　森山泰治
八尋静雄
毛利　彊
松尾宗之
福岡県支部長　八尋静雄
宮崎県支部長　佐伯幸一

海外支部

国際本部長　山口剛玄
本部付　山口剛正
山口剛仙

山口剛史
ピーター・アーバン
大城正一
ルウ・アンゲル
村上清司
原田　注
鶴岡孝夫
コーヴィン・オークレイ

米国地区本部

本部長　山口剛正

本部付　山口剛史
ピーター・アーバン
レイ・ニューカム
大城正一
ルウ・アンゲル
ダン・バック
トーマス・クローニン
ジューン・ペル
ジャック・ユーエン

サンフランシスコ支部長　山口剛正

ニューヨーク支部長　ピーター・アーバン

ハワイ支部長　大城正一

オクラホマ支部長　ルウ・アンゲル

タイ国地区本部

本部長　ソンワン・サラサス

本部付　村上清司

オーストラリア地区本部

本部長　マーヴィン・オークレイ

本部付　セバラノ・コンスタンチノ

ブラジル地区本部

地区本部長　鶴岡孝夫

香港地区本部

地区本部長　原田　注

上記の情報は1966年（昭和41）の出版時のものです。

（実業団・公共団体）

台東区体育協会空手部
宝酒造空手部
東京プリーツ空手部
ジーゼル機器空手部
秋田市役場空手部
秋田鉄道空手部
秋田体育協会空手部
堺化学工業小名浜工場空手部
秋田自衛隊空手部
京都府庁空手部
京都地方検察庁空手同志会
松下電器空手道部
三洋電機本社空手道部
三洋電機東京支社空手部
森下仁丹空手道部
丸通空手部
十合百貨店空手部
和歌山市役所空手部
和歌山鉄道空手部
東京燃料空手部
丸善石油空手部
正剛館ＹＭＣＡ空手クラブ
福島警察空手部
川崎製鉄空手部
特別警備隊空手道部
野田醤油空手部
田熊造船空手部
三井造船空手部
三菱製紙空手部
大分県協同乳業空手道部
トヨタ自動車サービスセンター空手部

（大学の部）

日本大学芸術学部空手部
大東文化大学空手部
千葉商科大学空手部
秋田大学鉱山学部空手部

秋田日大短期大学空手部
秋田大学芸術学部空手部
立命館大学空手部
同志社大学空手道部
国士館大学空手部
仏教大学空手部
繊維大学空手部
大阪大学空手部
大阪外語大学空手部
和歌山大学空手部
京都外語大学空手部
京都薬科大学空手部
大阪歯科大学空手部
滋賀大学空手部
岡山大学空手部
香川大学空手部
福岡大学空手部
西南学院大学空手部
大分歯科大学空手部
宮崎大学空手部
明治学院大学（同好会）
関東短期大学空手部

（高校の部）

秋田日大付属高校空手部
秋田工業高校空手部
秋田敬愛高校空手部
秋田西日高校空手部
秋田水産高校空手部
秋田五城目高校空手部
秋田定時制高校空手部
北浦高校空手部
山形高校空手部
青森高校空手部
岡崎高校空手部
立命館高校空手部
秋田男鹿高校空手部
秋田横手工業高校空手部
桃山高校空手部
和歌山工業高校空手部

上記の情報は 1966 年（昭和 41）の出版時のものです。

和歌山商業高校空手部
桐蔭高校空手部
向陽高校空手部
星林高校空手部
南部高校空手部
京阪高校空手部
淀川高校空手部
倉敷高校空手部
宇部北高校空手部
熊本高校空手部
大分県立鶴見丘高校空手部
瑞浪高校空手部
甲府工業高校空手部
甲府商業高校空手道研究会
第一商業高校空手道研究会
東洋大学第三高校空手道研究会
甲府南高校空手道研究会
桜山高校 〃
山梨工業高校 〃
石和高校 〃
北富士高校 〃

吉田高校 〃
韮沢高校 〃
石和園芸高校 〃
増穂高校 〃
日川高校 〃
峡南高校 〃
弦武館高校 〃
農林高校 〃
巨摩高校 〃
甲府商業定時制 〃
甲府工業定時制 〃
韮崎高校定時制 〃
航空高校定時制 〃
市川高校定時制 〃

剛柔流開祖　宮城長順先生

（宮城先生については本文 183 頁に説明）

剛柔流基本形並びに組手解説

〔予備運動としての鍛錬法〕1

①両手で壁を押し返すような気持で足腰に力を込め左右交互にくり返す

②右手を右足内側の下方に、左手を背中へ回すような気持で全身に力を入れて左右の手を押し込むように、左右交互に反復する

〔予備運動としての鍛錬法〕2

——ヨガから取入れたもの——

①足を四股立ちにして腰を落し、両手指先に力を込め静かに息を腹式呼吸で、たっぷり鼻から吸い込む（センチンの形の出始め）

②四股立ちに踏まえ、吸い込んだ息を臍を背椎につけるような気持で鼻から一度に力を入れて吐き出す（ヨガでいえばカパラの法であり、横隔膜を上の方から下へ締める）

③横隔膜の動かし方（②の腹の状態がよく見える）

〔基本の突、受の連続わざ〕

①から⑥まで上段、中段、下段の突受を双方が交互に連続練習する。これで完全に基礎ができる。

構え

〔剛柔流独特の動物の構え〕

①犬の構え
四股立ちから脊髄を真すぐにして手首は転掌の使い方（転掌は245頁に説明）

③鶴の構え
鶴が片足で立ち、羽を広げた姿を彷彿させている。手で目潰しに行く一方、蹴りを放つこともできる

②猫の構え
剛柔流独特の構えで、隙を見せているようだが、攻撃にも受けにも転変自在である。非常に攻撃が早いのが特徴であり、組手の時はいつでもこの構えから入る。

〔剛柔流独特の基本形〕

三　戦
（サンチン）

①結び立ちの形、手を交叉させて、急所をかばいながら静かに立つ

②足は平行立ちになり、鼻から息を腹の中に十分吸い込み、腹からしぼり出すような気持で口から吐いて丹田に力を入れながら足は床に吸い付いたように密着させる。—極に達した形（立禅ともいう）—

③息を鼻から勢いよく吸い込み終わったら、口から吐き始め、吐いた瞬間に丹田に力を入れて締め込む

④鼻から息を吸いながら拳を引き、吐きながら拳を突き出し、左右交互に行う

転　　掌
（テンショウ）

[剛柔流独特の基本形]

中国の武備誌の六気手という形から開祖宮城先生が取り入れ柔の形にした。三戦が剛で転掌が柔といわれる。つまり、三戦が立禅なら転掌は座禅といわれ、その動きはあくまでも柔で、年配になり体力が衰えても柔で剛を制する場合に有利である。

①静かに息を吸い込みながら顔の前面に両手で弧を描いていく

③顔の前で二回両手で弧を描き、同時に鼻から二回短かく息を吸う。手は鶴頭に構える

②弧を描き終り、息を吐き始める

④鶴頭の手を指先を中にして外側に開きながら口からゆっくり吐いていく

転掌の使い方

転掌の特徴は柔で受けてすぐ攻撃できること

①内小手——（右）の突きを受けてすぐ目潰しに行く
②底　掌——攻撃の力を浮かしすぐ手首を捕えることができる
③底　掌——②に同じ
④鶴　頭——手の甲で受け、相手の力を浮かし、手首のひねりで目潰しに行く
⑤鶴　頭——④に同じ

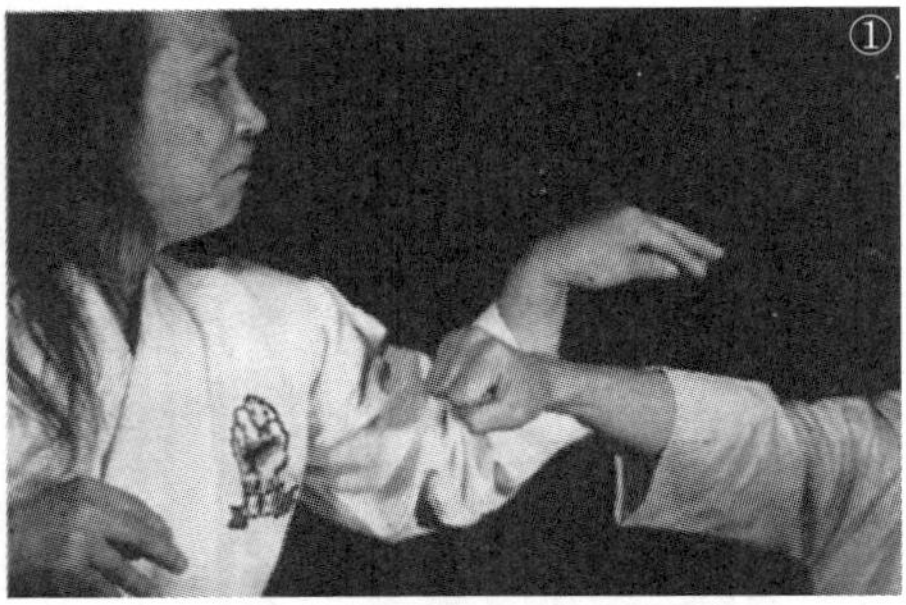

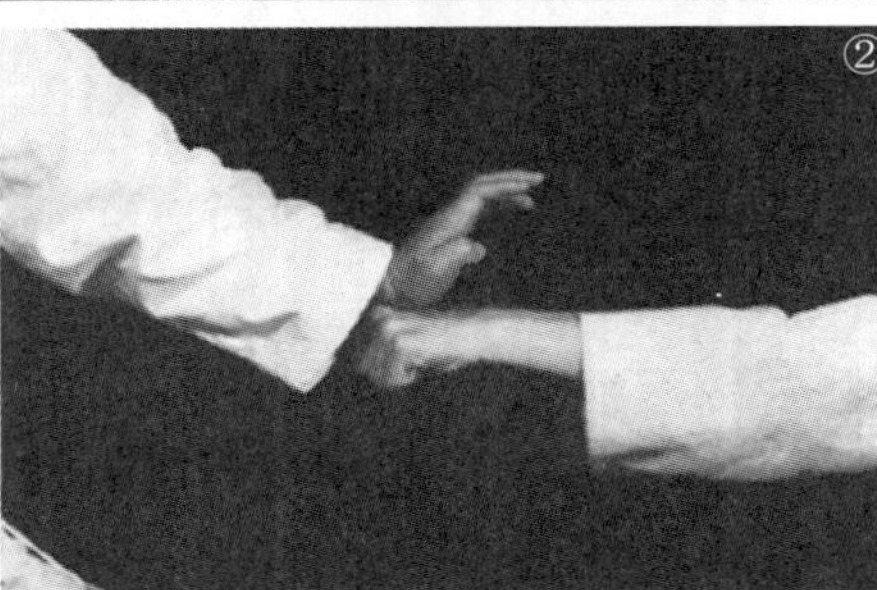

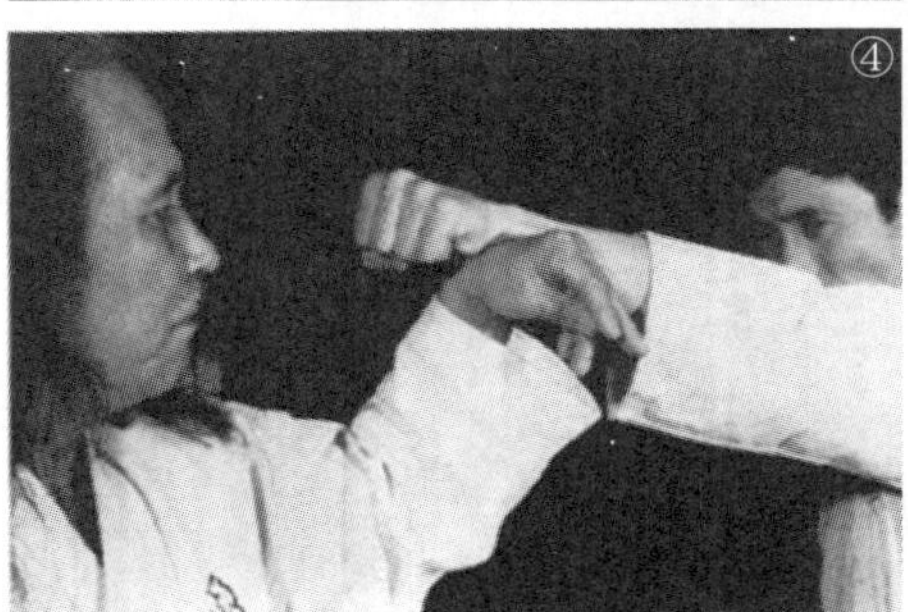

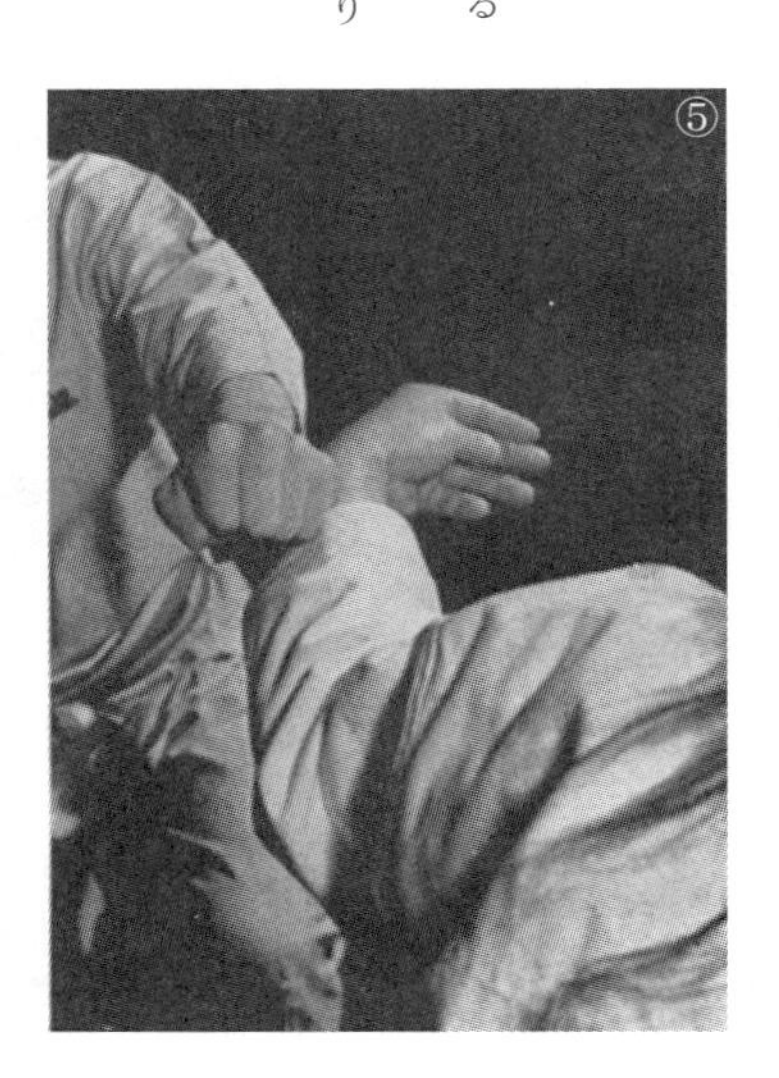

転掌の使い方の変化・〔1〕（底掌）

攻撃（右）の突きを底掌で受けて右手の貫手で相手の肋に行く

中段突きに対して底掌で受ける

同じく中段突に対して横から底掌で受ける

転掌の使い方の変化・〔2〕(底掌)

攻撃(左)が横蹴りできたところを転掌のうちの底掌で受け、右の裏拳で相手のコメカミを打つ

攻撃(左)が中段のふり打ちで打ってきたのを底掌で受ける

転掌の使い方の変化・〔3〕（逆手）

攻撃（右）の突きを背刀で受ける

受け（左）は猫足になり、手首を返えして相手の手首を握る

攻撃（右）の突きを背刀で受ける

転掌の使い方の変化・〔4〕（鶴頭）

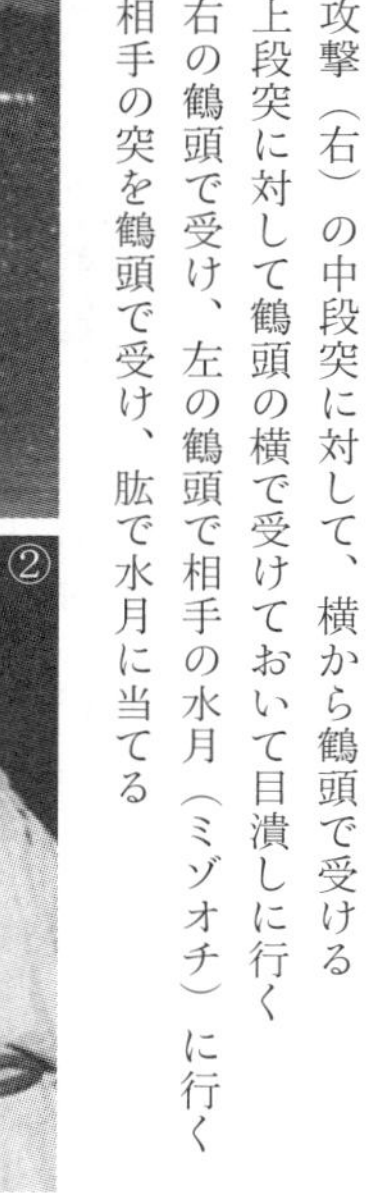

①攻撃（右）の中段突に対して、横から鶴頭で受ける
②上段突に対して鶴頭の横で受けておいて目潰しに行く
③右の鶴頭で受け、左の鶴頭で相手の水月（ミゾオチ）に行く
④相手の突を鶴頭で受け、肱で水月に当てる

転掌の使い方の変化・〔5〕（鶴頭）

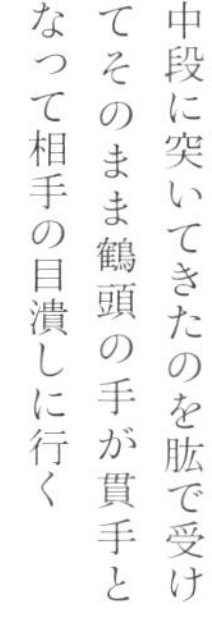

①攻撃（右）の上段突を鶴頭で受け右手の貫手で相手の肋に行く。足は猫足

②中段に突いてきたのを肱で受けてそのまま鶴頭の手が貫手となって相手の目潰しに行く

③貫手で目を突いてきたのを鶴頭で受ける

④上段蹴りを鶴頭で受ける

蹴り（形）

①猫足の構えから蹴りに入る

②猫足から正面蹴り

③横蹴り、一、横足をあげて

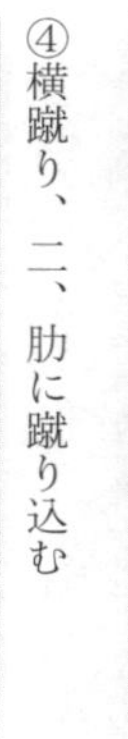

④横蹴り、二、肋に蹴り込む

⑤猫足から相手の足の関節へ蹴り込む直前

⑥猫足から相手の足の関節へ足刀で蹴り込む

スーパールンペー（形）

①猫足で立ち、息を吸い込んでいく
②胸元から手を鶴の形に広げていきながら息を吐いていく
③足を踏み出し、広げた手を引きながら息を吸っていき、回し受けとする。攻撃にも受けにもなる形である
④回し受けをした手を両手を押し出すようにして息を吐いていく
⑤両手を③へ戻し④と左右反対の回し受けをして息を吐いていく

スーパールンペーの使い方（回し受け）

①攻撃（右）が胸を取りにきたのを、

②受（左）は掛受で攻撃の手を封じる

③相手の手をほどくと同時に顔面と睾丸に回し受けで攻撃する

サイファー

①攻撃（右）に両手で腕を取られる

②肱を当てながらはずす

③はずしながら相手の手をおさえ

④裏拳で顔面を打つ

サイファーの形の一部
ゲキサイの双手突き
顔面とミゾオチを突く

サイファーの形の一部
足を取りにくるのに、拳柱でコメカミと耳を打つ

センチン〔1〕

センチン弓張の形

攻撃（左）の上段突きをセンチンの掛受で肱で当てる

上段突きを受けて相手の手を握り睾丸に裏拳が入る

センチン〔2〕

①攻撃（右）上段突きを掛け受け

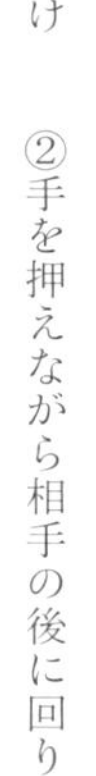

②手を押えながら相手の後に回り

③相手の手を握り肋に肱当てを入れる

①攻撃（右）の上段突きを受け

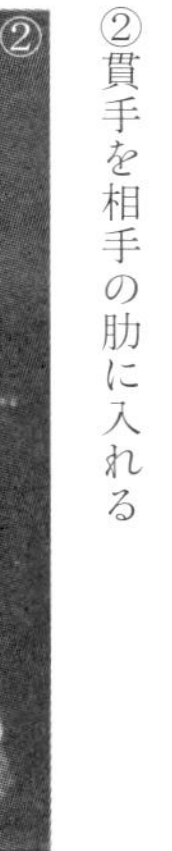

②貫手を相手の肋に入れる

サンセールー
シソーチン

①攻撃（右）が蹴ってきたのを足を取りながら体をかわす
②足の関節を取って倒す
サンセールーの形の一部

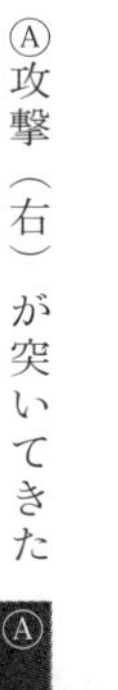

Ⓐ攻撃（右）が突いてきたのを掛け受けで受け
Ⓑ手首を掴んで関節を肱で当てる
シソーチンの形の一部

太極受け
小手鍛え

太極の上段中段下段受け

①相手（右）の上段突きを受ける

②中段の突きを受け三戦立ち

③下段突きを受け四股立ちになる

小手鍛え

上　息を吐きながら力を出して合って双方が小手を鍛える

下　息を吸い込んで吐きながら右が押して行く。これを双方で繰り返えす。鍛練法にもなる

五段連続練習

①アゴを上げ突き
②裏拳で眉間を打つ
③肱当てで水月（ミゾオチ）を突く
④裏拳で金的（睾丸）を当てる
⑤正拳で水月を突く

以上の五段連続練習する

①

②

③

④

⑤

セーサン

①攻撃（右）が突いてきたのを転掌で受けながら左手「虎口」でノドを掴み
②相手のノドをひねり込む

Ⓐ攻撃（右）がむなぐらを掴んできたのを
Ⓑセーサンの回し受けでノドと金的（睾丸）を突く

①攻撃（右）が突いてきたのを払う

②更に突いてきたのを掛け受けで受け

③相手の手を掴み手刀で霞（コメカミ）を打つ

セーパイの投げ技

突いてきたのを体をかわしながら、攻撃（右）の後に回って、一歩踏み込みえりがみを掴み

足払いを掛けて投げ、水月とノドに正拳の突きで止めをさす

クルルンハー

①攻撃（右）の上段突きを双手の十字受けで受け、
②相手の手首を握り
③体を一回転して
④相手の関節を取りながら投げる

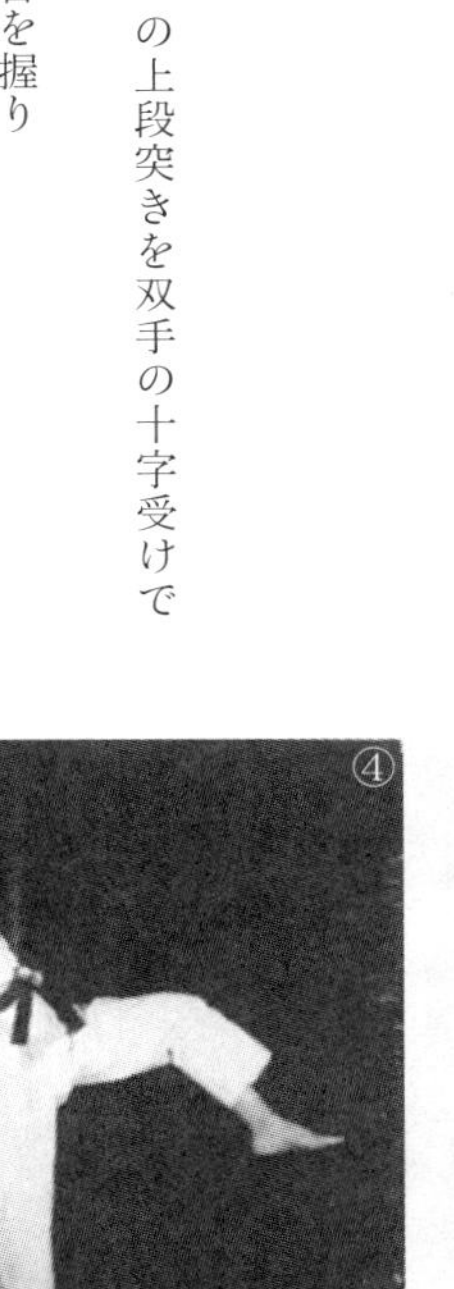

蹴りと受け

攻撃(右)の上段蹴りを回し受けで受ける。足は四股立ち

①攻撃(左)の上段蹴りに対して四股立ちに構え、内小手で受ける
②腹部を蹴ってきたのを四股立ちで払い受ける

①

②

①猫足で構えて自然に戦う形をとる
②攻撃（右）が刀をふりかぶったら一歩踏み込む
③踏み込んで相手の利き腕を取り
④体をひねって相手の水月に下突き、一撃必殺の止めをさす。下突きは剛柔流の独特の突きで、相手の横隔膜に突き入れる

弛緩法〔１〕

〈稽古の後に体の緊張と疲れを解きほぐすもの〉

①四股立ちで手を胸の高さにして息を吸い込む

②手を振り下す瞬間に息を吐き、後の敵を底掌で当てるような気持

③首を後に力強くはねる

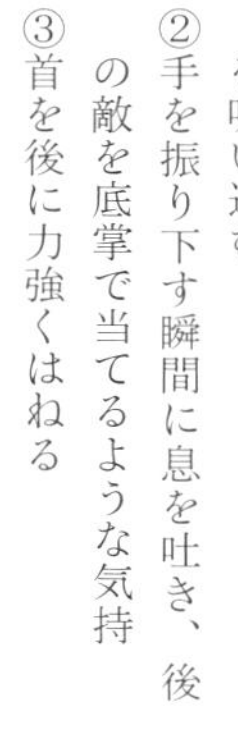

④**横臥**　四肢の力を完全に抜いて静かに呼吸を調える

（ヨガから取入れた弛緩法）

①両手を後で組み、静かに息を吸い込む

②静かに息を吐きながら頭を膝につけるように曲げて起しながら息を吸い、この動作を三回くり返えす

静かに呼吸しながら瞑想に入る。ヨガでいう第一チャクラ（陰会部）を刺激する練習にもなる

鉄扇の使い方

①攻撃（左）が刀で斬りかかってくるのを
②手元に飛び込み鉄扇で柄を押え横に流して
③相手の小手を打つ
④斬りかかってくるのを飛び込んで水月を突く
⑤①と②の後、鉄扇の柄で肋を突く
常に左の拳はいつでも打込める構えをしている

サイの使い方〔1〕

サイは沖縄古武道独特のもので刀など
武器に対して空手と併行して使用する

上　攻撃（左）が刀を中段に構えて向ってきたのに対し、
下　サイを構えて対する

サイの使い方〔2〕

①攻撃（左）が刀を振りかぶってくるのを
②サイの双手十字受けで受け
③相手の刀を横に流してサイで頭部を打つ

クサリの使い方（鎖道）〔1〕

①左の刀に対し鎖を伸ばして構える
②攻撃（左）が刀を振りかぶって踏み込んでくるのと同時に半歩踏み出して鎖で受ける
③受けると同時に左手の分銅を刀に巻きつけて封ずる

①

②

③

クサリの使い方（鎖道）〔２〕

①刀に対し、鎖をひろげて四股立ちに構える

②攻撃（右）が刀を振りかぶると同時に踏み込み、両手の間に張った鎖で刀を受ける

③刀を鎖に受けると同時に右足を横に開いて分銅を巻きつける。次には刀を巻き取ってしまうか、右拳を顔面に決める

ヨ　　ガ

（神経系統）

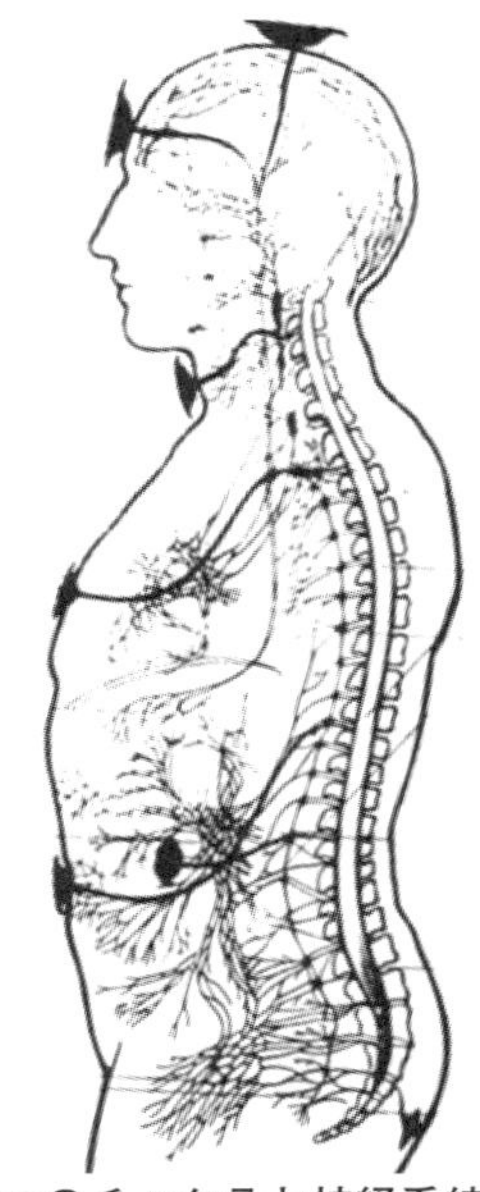

七つのチャクラと神経系統

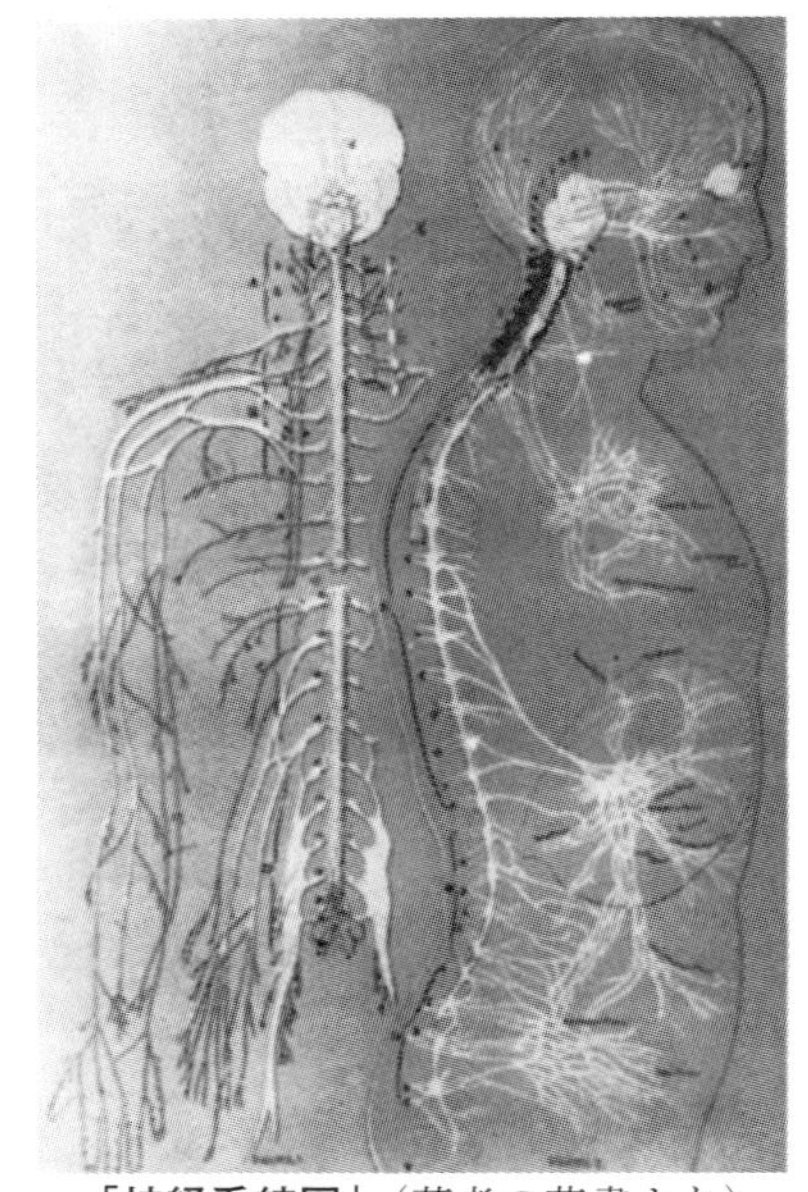

「神経系統図」（著者の蔵書より）

Lights, Colors, Tones and Nature's Finer Forces

by Ernest J. Stevens, M. Sc., Ph. D.

絶版の貴重文献

（著者秘蔵書より）

（本文 208 頁参照）

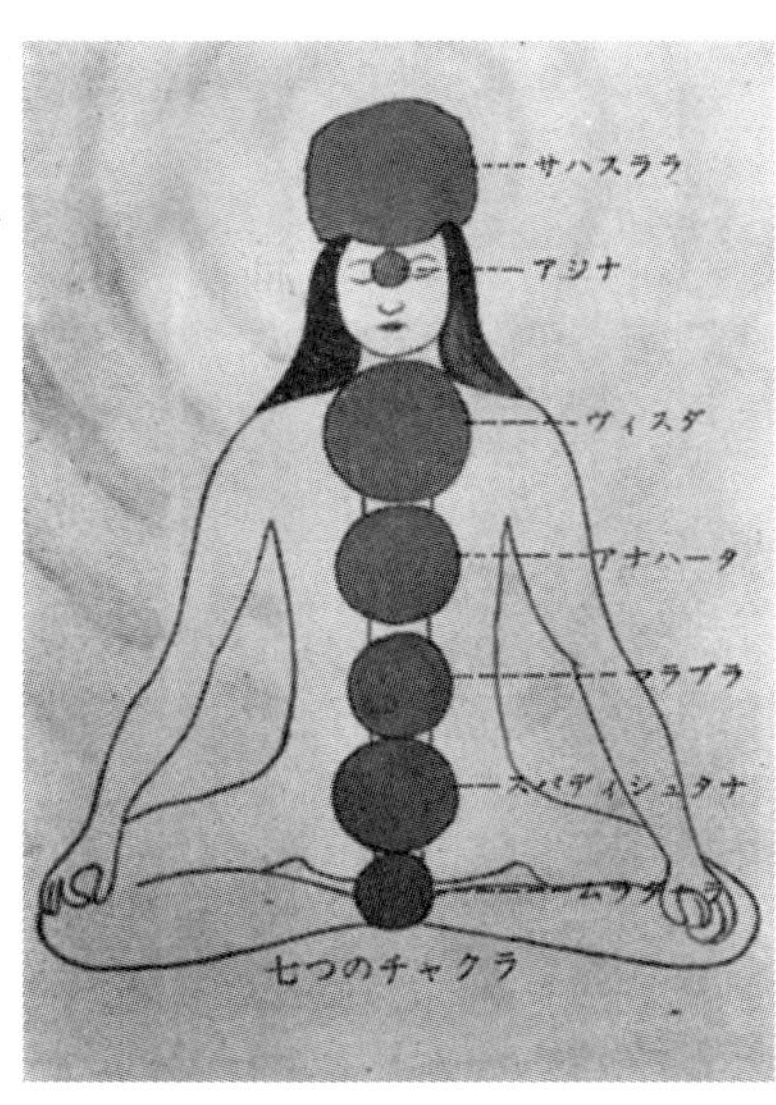

ヨ　　ガ

三丹田法と逆立

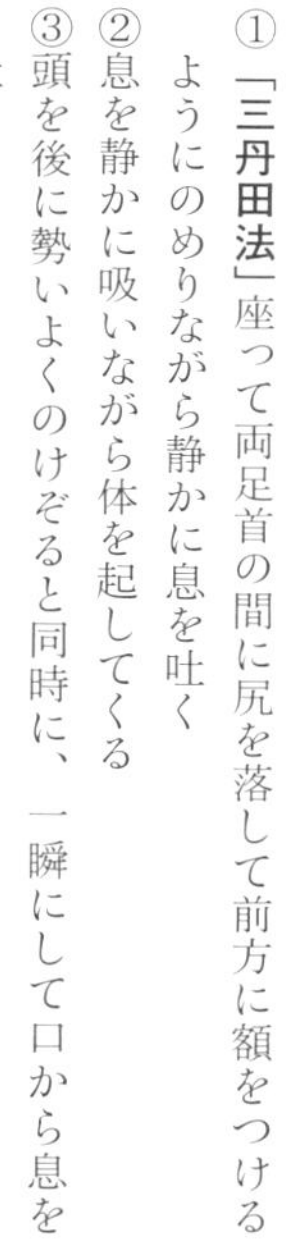

①**「三丹田法」**座って両足首の間に尻を落して前方に額をつけるようにのめりながら静かに息を吐く

②息を静かに吸いながら体を起してくる

③頭を後に勢いよくのけぞると同時に、一瞬にして口から息を吐く

④**「逆立」**（シルシアサナ）シルシは頭。ひざまずき両手の指を組み合せ前方の床に両手をつける。呼吸は静かにゆっくり行う。頭に血液とプラナが供給され、頭の疲労を取り、安眠できる

（本文 192 頁参照）

武道館での演武

（スーパールンペーの形）

昭昭三十九年十一月、武道館にて全日本空手道連盟が結成され、その席上、著者によって剛柔流の形が披露された。

「武備誌」紹介〔1〕

（著者秘蔵）

武備志の表紙

ー中国拳法の古書「武備誌」の内容の一部ー

拳法には昔から「半年殺し」とか「一年殺し」などといって突いた瞬間には効かず、一定の期間を経てから効果が現れ、死に至らしむる秘術が伝わっているが、これらの図はその秘術に関するものである。

たとえば申の時刻には鉄盆（股のつけ根）を突けば十四日後に死亡する、とある。しかしその突き方は秘技で、口伝となっている

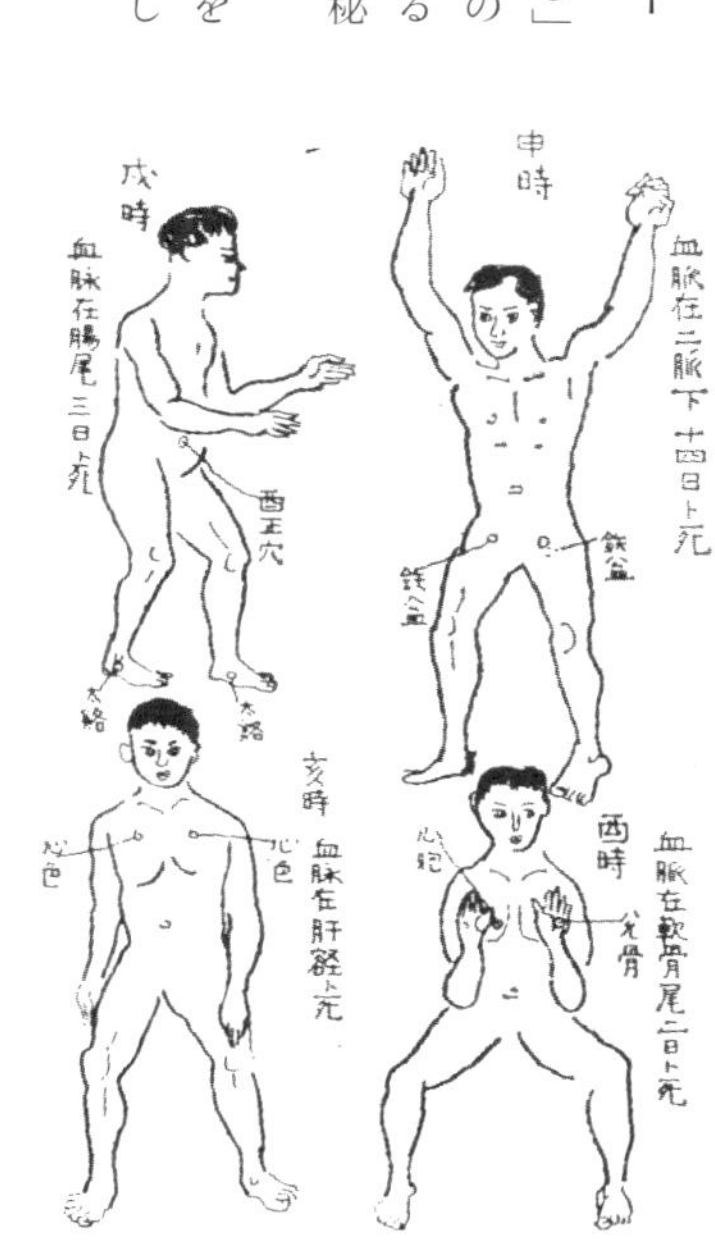

人体の急所を示している図

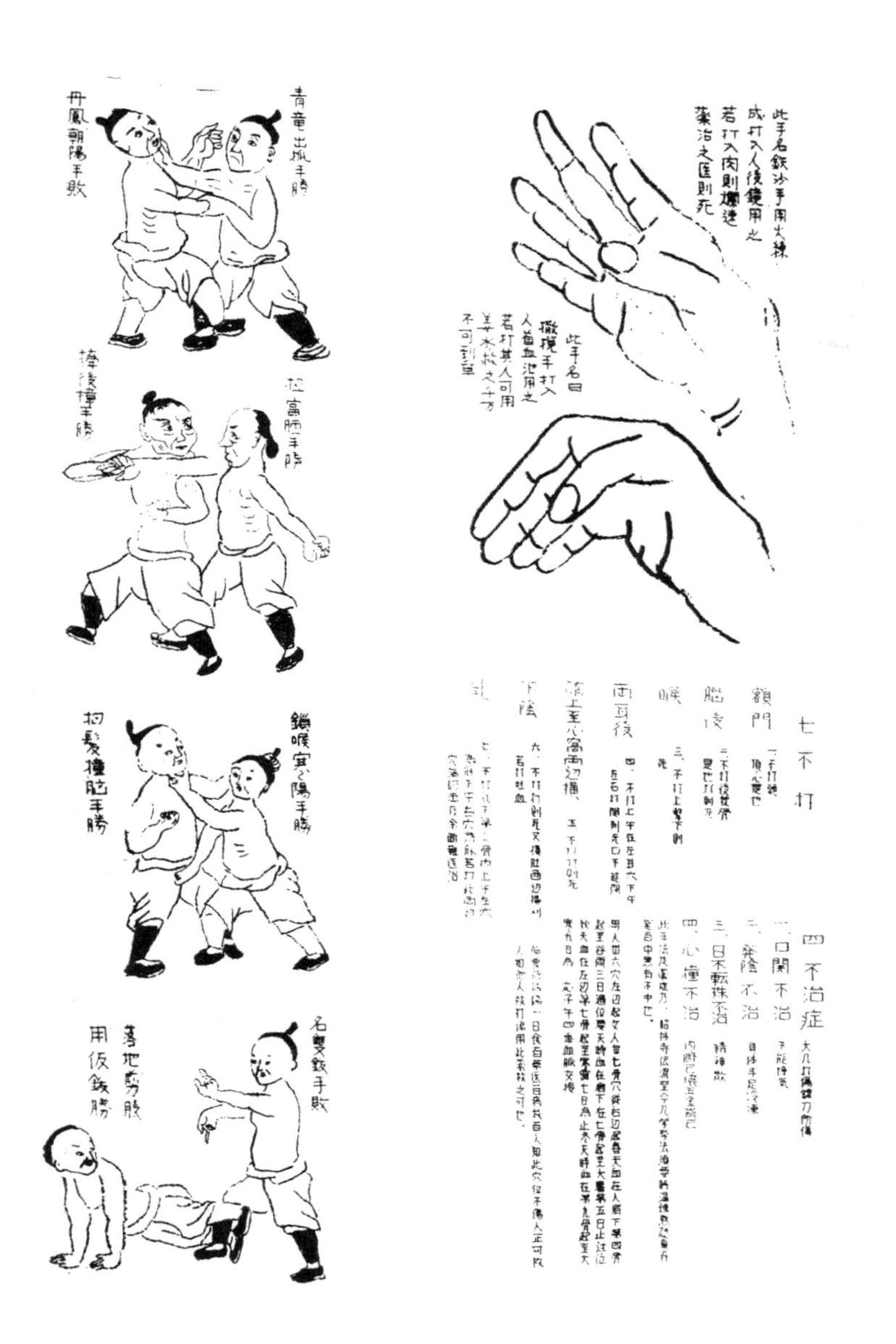

青竜出爪手勝
丹鳳朝陽手敗
此手名鉄沙手用火煉
成打入人後鏈用之
若打入肉則爛速
薬治之匡則死
七不打
顖門
脳後
喉
両耳後
下陰
四不治症
一、口閑不治
二、発陰不治
三、日不転珠不治
四、心撞不治

ここまでが初版『空手道の真髄　剛柔の息吹』の内容です。以下は著者・山口剛玄が生前に会報や雑誌に寄稿した原稿の一部を掲載しています。

山口剛玄師が語る三戦

三戦は、剛柔流におけるすべての基本です。剛柔の〝剛〟を表す部分ではありながら、息吹を含め、多くが集約されています。

私は剛柔流を志してから、最初は三戦ばかりをやりました。道場だけではなく、海岸で、暗闇で、山中で、ただ三戦にふけりました。台風がきたときなど、好んで外でやったものです。

何故にそこまで三戦に賭けたかというと、それは呼吸法の会得です。どんな状況にあっても絶対に乱れない呼吸です。呼吸の乱れがなくなれば、精神の乱れもなくなるのです。

人間の生命の根源は呼吸を鍛練することが、すべての源となるのです。ですから剛柔流では、三戦をはじめとして、呼吸法は最重要視しています。

私の師である宮城長順先生が考え出された呼吸法に、私は「息吹」と名付けました。

この息吹にも、いくつかの呼吸法があるのですが、三戦で用いるのは陽息吹です。

この文章は、「故山口剛玄先生　全日本空手道　剛柔会会葬」（1989年（平成元年）で配られた会誌に掲載されたものです。

最も力強く大きな息吹です。まさに〝剛〟の呼吸といえるでしょう。

私は空手の原点は、自己の練磨と考えております。相手を倒す攻撃も大切ですが、どんな攻撃でも防御できる体、受けても効かない体づくりが、まず第一であるのです。そのためには、自分の気力、精力までも充実させることです。

私はかつてよく、山中にこもり、禅を組んだものです。これにより無我の境地を得ることができました。同じように、三戦は立っての禅であると考えます。立禅といえるでしょう。今でいうウエイトトレーニングと、三戦による呼吸、精神の鍛練が、私の修業のほとんどでありました。

肉体は、内からと外から、両面から鍛えるのです。特に内面が重要です。三戦はこの点において、私の支えでありました。

現在道場でも、三戦を見れば、本人の技量が分かります。全体として、三戦の鍛練が少ないように思われます。

三戦は、単に三戦を稽古するのではありません。自らの肉体と精神を築き上げるのです。そのための三戦なのです。三戦は空手のすべての技術に生きるだけでなく、人間としての高まりをもたらすものと解して下さい。

全日本空手道剛柔会30年を顧みて

昭和25年5月、浅草千束道場時代に、全日本空手道剛柔会を設立して以来、30年が経過し、年月の流れはまことに早いものとつくづく感慨深きものがあります。
この30年の間多くの方々のご支援を賜り空手道々友並びに会員一同のご協力に対し厚く感謝申し上げる次第です。

顧みますれば、昭和4年立命館大学に入学し唐手研究会を創り、昭和7、8年頃、宮城長順先生に巡り会う幸運を得て以来、73才の今日迄空手道一筋に生きて参りました。昭和10、11年につづき、昭和12年の春には宮城長順先生が長男の敬氏をご同道の上武徳会演武大会に上京され、立命館空手道部員にもご指導下され、立命館大学空手道部の発展と本土剛柔流空手道の普及を念じられ、立命館大学空手道部の名誉師範を引き受けて頂き（同大学空手道部正式認可は昭和13年4月であり当時の名簿等原本保存中）剛柔流空手道は名実共に本土に根をおろすことになりました。

この文章は、1980年（昭和55）に発行された、全日本空手道剛柔会創立30周年の記念誌に掲載されたものです。

昭和12年勃発した日支事変は昭和16年開戦の太平洋戦争と続き昭和20年8月の終戦迄まことに不幸な時代でした。戦前、戦中は流派名であった空手道界も昭和24年頃より、「日本空手協会」「和道会」「糸東会」そして我れらが「剛柔会」といわゆる四大会派が次々と設立された。我れらが剛柔会も私が昭和22年11月、ソ連より復員し、又多くの道友達も外地より永い苦労に耐えその責任を果してたくましく生きぬいて次々に復員して来ました。

昭和15年当時の頃迄の立命館空手道部員達をはじめ関東、関西、秋田、中国、九州に在住の剛柔流関係者、宇都宮巌先生（立命館大学教授、初代空手道部々長）、野田律夫君（京都）、森山泰治君（福岡）、宮城 敬氏（東京）、郡 寧柱君（東京）、岡村光康君（京都）、岩井清君（京都）、宇治田省三君（和歌山）、打揚憲造君（大阪）、木崎友晴君（大阪）、石本修司君（秋田）、多田正剛君（兵庫）、中野俊介君（秋田）、岩上長興君（当時浅草道場師範代）以上の人々に連絡を取りつつ（中には戦死された有能な人々も多くありご冥福を祈ります）、ご協力を願って、会長・山口剛玄（43才）、副会長・宮城 敬（32才）のもとに、全日本空手道剛柔会は昭和25年5月設立をみました。

昭和27年、宮城長順先生は将来本土剛柔会と沖縄剛柔流が一体となり（当時沖縄は米軍の占領下にありパスポートの必要な時代で人的交流もままならぬ時であった）宮城長順先生のもっとも信望の厚かった、八木明徳先生にお手紙と紹介状を託され、八木明徳先生が東京に来られ、私も初めて八木先生と知遇を得ることが出来ました。久しくお逢いする機会のなかった、宮城長順先生の近況や将来に対するお考え等を承ることが出来て感激したものでした。

宮城長順先生はおしくも翌28年10月にご逝去され、その後八木明徳先生は開祖の意を汲まれ、沖縄剛柔会を結成されました。又其の後八木先生より九州在住であった沖縄出身の上原優希徳氏をご紹介項き上原氏も全日本剛柔会に加盟され、本土剛柔会と沖縄剛柔流との繋がりが出来たと嬉しく思った次第でしたが……。

さて会の設立もなり戦後の混乱期を乗り切った我れらが剛柔会をはじめ他の会派も各会派の充実と空手道普及に国内はもとより海外に於ても研鑽努力を積み重ね大きく発展し続け、昭和39年空手道の全国統一を目ざして四大会派の大同団結が原動力となり、全日本空手道連盟が結成され、初代会長、大浜信泉先生のもとに同連盟が発足しました。

又昭和42年の東京都空手道連盟の結成をはじめとして各都、道、府、県連盟或いは各区連盟等が、あい次いで結成発足しました。我れらが剛柔会もこれらの結成に対して大いに協力を計り同時に大きな推進力となった次第です。

これに平行して剛柔会の会員も国内、海外に至る迄私達の予想をはるかに上廻る増勢でその急速な発展ぶりに驚喜したものでした。余りの急速な会員の増加に対して、東北、関東、関西、九州と広範囲に亘る会の組織と財政の面でその確立が立ち遅れ、特に組織面において、関東は戦後の23年頃から剛柔流を普及した関係で当時まだ関東の幹部は数も少く年齢も関西に比べて若く、おのずと会の中心幹部は立命館大学空手道部ＯＢが多数を占め（昭和の初期より立命大で指導した関係上）、会の本部は会長の私の在住する東京にありながら理事会をはじめ本部事務局等は京都と云った変則的な会運営の影響もあり、全国的な会員の指導方法の統一又段位審査の統一等の点で色々と矛盾が生じはじめ、加うるに私を含めて幹部会員或いは又会員同志の意志の疎通を欠き、遂に昭和47年京都にて開催された私不在の理事会において、空手道史上類を見ない異例の決議がなされ、会に混乱が起きた時期がありましたことは私の不徳と合わせてまことに残念に思います。
しかし、空手道に対する情熱が失われない限り、必ずやそれぞれの立場で立派に剛柔流空手道が子々孫々迄継承されて行くものと信じております。

昭和51年には剛柔流空手道を真に考える門下生の有志達により私の為に恩師会を発足して頂き、健全な会員のあることをうれしく思いました。

昭和53年5月7日、本会最高顧問酒井節雄先生をはじめ大日本武徳会関係者等多くの方々の絶大なご支援を賜り、全日本剛柔会、沖縄剛柔会の主催により、開祖宮城長順先生25周年祭顕彰大会を明治神宮会館におきまして盛大に開催出来ましたことは私をはじめ剛柔流空手道を修業する者達にとりまして、この上もない喜びであり、我れらが剛柔会の歴史上特筆すべき光栄なことと考えております。

同年6月、開祖の意を体して健全なる真の剛柔流空手道を継承する意気に燃えた若手会員により、新しく生れ変った剛柔会は理事長此本孝師範を中心として組織を立て直し、全空連組織のもと沖縄剛柔会をはじめ全国空手道界とも融和を計り前進することになりました。

我々の剛柔会空手道も含めて、空手道は沖縄がその発祥の地であり、永い年月の間には、部分的に技の相違が生ずることは止むを得ないことであり、技の末梢を論ずるよりも、沖縄空手道を尊重する心を持つことの方がより大切なことと考えます。その意味に於て、我れらが剛柔会は、30周年を機会に開祖の墓参を兼ねて、去る2月22日より25日にかけて沖縄空手道研修の為、八木明徳先生の明武館道場をご訪問いたし、宮城家本家の健先生はじめ沖縄剛柔会幹部会員の絶大なるご歓迎のもと、心、技、あわせて立派な研修を終えて参りました。

くしくも剛柔会創立30周年の今年からは空手道も国体に正式加盟することとなり、柔道、剣道をはじめその他のスポーツ団体と同じく競技が行われることになりました。又近い将来にはオリンピックにも参加することは必然と考えられ、そのことは非常に嬉しい限りですが、空手道は他のスポーツと違い柔剣道よりも非常に危険をともなうものであり、一歩間違えば取り返しのつかぬ方向に進展するおそれがあり、空手道は唯勝てばよいと云うだけのものではなく、空手道は、宗教や禅と同じく空手道を修業することにより人間を改造し心身共にたくましい人造りを学ぶ武道であることの意識を、強くなることと合せて早く国内だけでも確立しておかないと、オリンピックに参加する時点で空手道の本家である我々が世界の空手道マンの鑑となるべき重責を果し得ないのではないかと憂慮いたします。73才になった今、剛柔会の30年を振り返ってみまするに、会の組織拡大もさることながら大切なことは、人と人との心の繋がりであります。

空手道も国体参加となった今日、今度は余り流派、会派に拘ることなく、都、道、府、県連の充実を積極的に計り（ひいては全空連の拡大につながる）全空手道人が一致協力して空手道の「発展」に努力すべき時代であります。

全日本空手道剛柔会は、開祖の意を体し立派な剛柔流の伝統を後世に継承し、剛柔流の持つ独特な深遠なる技の研鑽に努め、心と心が通じ合い、お互い尊敬出来る者同志の集いの会であることを切に希望します。

私も生命在る限り諸君と共に武道を通じて修業を続け、世界平和の為にささやかなりとも貢献出来れば幸と思う次第です。

（昭和56年7月記）

道心

そもそも空手道とは技の修練を通じて人としての仁徳を会得することにあり、その修練は奥深く厳しく日夜の絶えざる励みがなくては極意に達することは出来ない。

自己に打ち克つ強固の精神力を養い、苦しさに耐え飽かず怠らず日々まさに継続することが肝要である。演武にのぞめば雑念を払い、精神を統一し、無心の境地にあって初めて技が定まり、その境地の乱れにより自らの身体若しくは相手の身体をも損なうこととなる。

元来身を難より守ることを主眼とした武術としての〝那覇手〟ではあったが、現代にあっては自己の心身鍛錬を目的とした技であって、他を攻めるためのものではなく、いたずらに事をかまえて他人を傷つける如き行為は断じて許されないと心得るべきである。

従って技よりも心のあり方に重きを置くべきであり、心正しからずば真の技の上

道心

そもそも空手道とは技の修練を通じて
人としての仁徳を会得することにありその
修練は奥深く厳しく日夜の絶えざる励み
がなくては極意に達することは出来ない
自己に打ち克つ強固の精神力を養い苦し
さに耐え飽かず怠らず日々まさに継続する
ことが肝要である演武にのぞめば雑念を
払い精神を統一し無心の境地にあって初めて
技が定まりその境地の乱れにより自らの身体
若しくは相手の身体をも損うこととなる
元来身を難より守ることを主眼とした武術
としての〝那覇手〟ではあったが現代にあっ
ては自己の心身鍛練を目的とした技であ
って他を攻めるためのものではなくいたずらに
事をかまえて他人を傷つける如き行為は
断じて許されないと心得るべきである
従って技よりも心のあり方に重きを置くべき
であり心正しからずば真の技の上達も仁徳

達も仁徳の向上もない。技のみに固執して仁徳の修練のない空手は邪道であり、己を過信し高慢となり、やがて流派の名を損なう所業に至って門外へ去るべき羽目に陥ることを知るべきである。

わが剛柔流空手道の道心とは、己に克ちて礼に復（か）えり、心の平静さを保ち、親に孝をつくし、先祖の恩恵と師の恩を知り、朋友と相和するための仁徳を極めることにあると心得るべきである。特に師に対しての礼節を守ることとは、道を求める者にとって欠くべからざる道義であり、これに反する者は、技がいかに優れているといえどもわが剛柔流の流門の求道者としての資格に値いせず門外に去るべき

知るべきである
わが剛柔流空手道の道心とは己に克ちて
礼に復えり心の平静さを保ち親に孝を
つくし先祖の恩恵と師の恩を知り朋友と
相和するための仁徳を極めることにあると
心得るべきである特に師に対しての礼節を
守ることは道を求める者にとって欠くべからざ
る道義でありこれに反する者は技がいかに優
れているといえどもわが剛柔流の流門の求道
者としての資格に値いせず門外に去るべきであ
る自ら辞することのない者は破門とさるべきである
技を磨き仁徳の修練を積み心の平静を追求
することに専念するに至って自己内部の克伐
怨欲を自己統御することがいかに至難の長い
道のりであることに気づき世の諸行無常を身
をもって感ずるに及んで神仏の教えの偉大さを
知り己の「心のこだわり」を捨て「とらわれない」
心境に至ることこそわが剛柔流の究極の願い
であることを忘れてはならない

国際空手道剛柔会
全日本空手道剛柔会
会長範士　山口剛玄

昭和 62 年（1987）に発表された「道心」。

である。自ら辞することのない者は破門とさるべきである。

技を磨き仁徳の修練を積み心の平静を追求することに専念するに至って、自己内部の克伐怨欲（こくばつえんよく）を自己統御することがいかに至難の長い道のりであることに気づき、世の諸行無常を身をもって感ずるに及んで神仏の教えの偉大さを知り、己の「心のこだわり」を捨て「とらわれない」心境に至ることこそ、わが剛柔流の究極の願いであることを忘れてはならない。

国際空手道剛柔会
全日本空手道剛柔会
会長範士　山口剛玄

父・山口剛玄と剛柔会の歩み

——山口剛史

『剛柔の息吹』増補改訂版出版の祝辞

全日本空手道剛柔会
顧問　八段範士　小笠原希悦

山口剛玄先生を会祖とする全日本空手道剛柔会の歴史と伝統を二代目会長の山口剛史最高師範が会長就任30年及び剛柔会創立70周年を契機に増補改訂版『剛柔の息吹』を発刊する運びとなりましたことは、剛柔会員はもとより関係者にとりましても極めて意義深く心からお祝い申し上げます。

この『剛柔の息吹』は、会祖山口先生が昭和41年にご自身の生い立ちから始まり空手道の真の奥義は神道、武道、ヨガの三位一体にあるという哲学を自叙伝的に著わしておりますが、現山口会長は、この著書をもとに増補改訂版として、半世紀余にわたる剛柔会の栄古盛衰の歩みと空手界の動きについて触れられております。

本書は剛柔会ひいては空手界の今後のあるべき姿の指針ともなる貴重な著書であります。

山口剛史会長には、ご多忙の中での執筆に改めて敬意を表する次第であります。

顧みますと私事でありますが、昭和26年16歳で初めて空手を教わりましたが、その先生が剛柔会師範であったご縁で学校の夏冬休みに浅草道場で剛玄先生から直接稽古をつけて頂いたことが懐かしく思い出されます。

以来、上野道場、湯島道場を経て仁王門のある杉並道場で神教と技の薫陶を受けたものです。

一方、剛玄先生の波乱万丈の空手人生から学んだことは、どんな失意の最中にあっても決して挫けず空手道に対する理想を追い求める頑固な信念、即ち武道家魂に接したときのことは、今でも鮮明に記憶しております。

これらの体験は、私の空手人生において最高の宝物であります。

さて、平成時代の30年は山口剛史会長の時代でもありました。

この間、国内外における指導と各種競技大会、記念行事等、休む暇もなく走り続けておられます。

その活動と功績の成果が今日の我が剛柔会であり頼もしい限りであります。

このような働きが出来ますことは、偏に山口会長の使命感と努力によるものですが、それを支えて下さっている剛柔会の確固たる執行役員と会員、ご家族そして何よりも力強い後援者のご支援ご協力のお陰であります。

私も顧問として関係者の皆様に深く感謝とお礼を申し上げる次第であります。

ところで、山口会長には喜寿を迎えられましたが「おめでとう」は、そっと横においてて、まだまだ、これからです。心技体は一層充実し、とりわけ大会での演武などは青年のような逞しさが感じられます。

どうぞ健康に留意され剛柔会と空手道の更なる発展に寄与されますようお祈り申し上げ増補改訂版『剛柔の息吹』発刊のお祝いとさせていただきます。

全日本空手道剛柔会創立70周年記念

「剛柔の息吹」増補出版の祝辞

全日本空手道剛柔会
特別顧問　範士　菊池広正

全日本空手道剛柔会「創立70周年」を衷心よりお喜び申し上げます。そして「創立70周年」を記念しての山口剛玄先生著『剛柔の息吹』増補改訂版出版を心よりお祝い申し上げます。

本会は初代会長の山口剛玄先生が、昭和25年（１９５０）に全国的組織として設立された。その後平成元年5月他界されるまでその全生涯を剛柔流空手道の指導、普及発展に邁進されたその歴史を辿り、改めて師の偉大さを70周年に至り認識すると共に、心より慶祝したいと存じます。

空手道は沖縄発祥の武術であり約１４００年前に中国を源流として入ってきたものとされる。約５００年前に琉球王朝の文治立国政策と、慶長14年薩摩の禁武政策で武器を身に着けることを禁じられた。沖縄の人達はこの空手に目をつけ、徒手空拳で敵を倒す護身術として、また刀、ヤリに代え農機具、漁具類から大カマ、草刈カマ、天秤棒、船を漕ぐ艪等を武器に仕立て、琉球古武術等を編み出し沖縄拳法と共に空手が発達し禁武政策に対抗した。

時代と共にこの拳法は空手道として変遷して、人間修養の「道」に姿を変え、今日ではスポーツ空手、近代空手として組織的に発展、現在に至っております。

剛柔流空手道は、東恩納寛量先生に始まり、宮城長順先生に継承された。師は、法は剛柔を呑吐するとし、『武備誌』の文章から剛柔流を生み出されたとされる。

更には私たちの師会祖山口剛玄先生により、広く日本国内は基より、海外に至っても世界各国での普及活動に御尽力された。

私が全日本空手道剛柔会、山口剛玄先生にお世話になったのは昭和44年、今年で50年になります。剛玄先生のお供で何度かの海外指導に参加させて頂きました。海外における師の知名度は非常に高く、どの国においても熱烈歓迎され改めてその偉大さに感銘を受けるなど、いろいろな良い思い出が甦ってきます。

現会長の山口剛史先生は平成2年（1990）に会長就任、最高師範としてリーダーシップを存分に発揮され、初代会長の意志を立派に継承された。私も剛史会長の良きパートナー、アドバイザーとして微力ながらお役にたてた事は我が人生において最大の喜びでもあります。

また、初代会長の永年の大きな夢であった「第1回剛柔会世界大会」を平成5年（1993）11月千葉県ポートアリーナにて38カ国の参加により盛大に開催する事が出来ました。その後、平成12年（2000）剛柔会創立50周年記念パーティーを京王プラザホテルにて、多くのご来賓、役員、会員の参加により盛会に開催した。

会祖山口剛玄先生の生涯空手道の普及活動に邁進されたこと、また現会長の山口剛史先生の国内、海外指導の実績、功績が実を結び令和2年（2020）8月東京オリンピックが開催される。空手道が正式種目として競技され大いなる期待がある。

また、令和3年（2021）日本において　第8回剛柔会グローバル選手権大会（世界大会）が開催される。我が全日本空手道剛柔会は永遠に不滅である。今後も更なる飛躍、発展が期待される。

私も微力ながら一層の精進努力を重ねたいと存じます。

祝辞

全日本空手道剛柔会
特別顧問　範士　赤尾健一

このたび、山口剛玄先生の『剛柔の息吹』増補改訂版出版にあたり、山口剛史最高師範はじめ宗家の皆様方、関係者の皆様方に心よりお祝いを申し上げます。

昭和41年（１９６６）に出版された原著『剛柔の息吹』は、山口剛玄先生と剛柔流空手道開祖、宮城長順先生との出会い、山中での荒修行、神仏への目覚め、剛柔流の宗家継承など剛玄先生の半生をまさに波瀾万丈、まるで活劇を見るかのように剛玄先生ご自身が生き生きと描いておられます。

繰り返し読むうちに、空手道のみならず、人生の尊さを学び、今では我が家の『剛柔の息吹』は、糸がほどけて大分傷みが激しい状態です。

今回の出版では、原著と共に、現剛柔会最高師範、山口剛史先生が、父上である剛玄先生のお側にあって学んだことの全てを書き記した大変貴重な出版になるそうであります。

２０２０年の東京オリンピックの正式種目に決定した空手は「競技スポーツ」として「技や型の統一」など、新しい時代に入ろうとしています。

山口家を宗家と仰ぎ、剛柔流独自の空手道の伝統を守る私たちは今、まさに大きな分岐点に立っていると私は思っております。

伝統の空手道である武道空手と競技スポーツ空手では、その本質が違うのではないかという迷いから悩んでいる指導者も少なくないと思います。

このようなタイミングで剛柔流の原点とも言うべきこの『剛柔の息吹』が出版されることは誠に有意義な事です。

変化を否定的に受け止めるだけではなく、時代の移り変わりと共に生きる伝承文化として肯定的に受け入れ、後世に伝えることが、正しく伝統を守る私たちの使命だと思います。

この度の増補改訂版出版が伝統の空手道の原点として、日本文化の一翼となることを確信し、私の祝辞といたします。

増補部分について

本書増補改訂版『剛柔の息吹』を出版するにあたって、本書担当編集者より「是非、息子の立場から父・山口剛玄や当時の剛柔会の様子について書いていただけないか」という依頼があった。様々に思うところはあったが、周りの人の勧めもあり、また私自身すでに七十七歳となり、父や剛柔会の初期の姿を直接知る者も少なくなっていることから依頼に応じて筆を執った次第だ。

思うままに書くうちに新たに思い出すことや、当時の父の考えていたことなどが、いまになって理解できることもあり、私自身にとっても自らの歩みを改めて振り返る貴重な機会となった。また満洲からの引き揚げ風景については、兄・山口法美（剛正）の思い出の記を参考にしている。

父・山口剛玄が逝去されて既に30年が経ち、また全日本空手道剛柔会設立より来年（２０２０年）で70年でもあることから記憶違いもあろうが、私から見た父、そして会祖「山口剛玄の姿」としてお読みいただければと思う。

２０１９年　山口剛史

母子　満洲より引き揚げ

原著ではあまり触れられていないが、父と共に母と私たち兄弟もまた満洲の大地にあった。

その満洲国が太平洋戦争の日本の敗戦によって崩壊し、建国に携わり又、新天地を求めて渡満した邦人は離散し逃亡へと追われることとなった。

新生児を出産したばかりの母は躊躇するも日本への引き揚げを決意したそうである。当時、私は未だ3歳になる一ヵ月前であったので明確な記憶が無いが、後年、母、兄弟から聞かされた話をまとめてみた。

昭和20年8月9日、満洲国熱河省承徳市に住居していた家族に突如緊急避難命令が下りた。

ソ連邦が8月8日に宣戦布告して西北国境線を越えて侵入して来た情報に基づいたことであった。

満洲国協和会事務長を務めていた父・剛玄は当然のことながら協和会責任者として承徳市の自治統制、事務処理等で家族と同行出来ることではなかった。後に、父からは「ソ連の越境部隊と交戦し当市を死守する覚悟であった」と聞いている。

父の説得で現地の空手道の内弟であった畠中青年が家族の護衛として途中まで同行することになった。


8月11日夜分、承徳市満鉄駅前広場に集合、邦人200所帯、800名の婦女子に混じって山口緑31才、長男・山口法美（剛正）10歳、次男・山口紀士夫（剛仙）5歳、三男・山口紘史（剛史）3歳、長女・山口紅子0歳の一家6人が疎開列車に乗り込んだ。

列車は12日早朝、承徳駅を出発するも延々として進まず、錦州駅で一昼夜停車するも、再び発車することはなかった。

8月15日、日本人軍属の避難民達は同駅構内で、ポツダム宣言を受諾し、日本が無条件降伏を声明、敗戦したことを知った。

1944 年（昭和 19） 山口家（左から、剛仙、剛玄、剛正、剛史、緑）
満洲にて

敗戦によって南満洲鉄道はソ連軍に接収され、疎開避難はおろか、内地への帰還の道は閉ざされてしまった。その後、一時収容所となった施設は暴徒と化した満洲人に再度襲われ、逃げまどい、傷つき、所持品を略奪される者が多くなった。

護衛として家族に付き添ってくれた畠中青年は私達家族の面倒を良く見てくれ、頼もしい存在であったが、所持していた拳銃の武装解除の為に、馬で町へ出かけて以後、二度と戻ってはこなかった。正義感の強い青年であったので逃亡したとは思えず、抵抗して殺害されたのかも知れない。

暴民の襲撃で散りぢりとなった承徳市からの避難民僅か１００名は、町はずれに残された元関東軍宿舎跡を鉄条網の柵で囲い、身を隠す様に生活しなければならなかった。

錦州市での足止めから数ヵ月後、崩壊した満洲国に在留する59万人にのぼる日本人非戦闘員帰国の手配がアメリカ軍の介入によって進められ始めた。

在住邦人を含め、たまたま疎開中に同市に釘付けになっている避難民約３０００人の女子供は奉天まで輸送されるとの情報が届いた。

出発当日、駅に向かう邦人に対する暴民の襲撃は数を増し、抵抗して殺害される者も出た。私達家族も襲いかかった暴民に持物を奪われ、長男は背負っていた新生児のおも湯の入ったバッグを奪われまいと抵抗したが、棒で打たれた為に手放したことを生涯悔やんでいた。何故なら、母は産後間もない逃走生活で精神的にも追いこまれ母乳が出なくなっていたからである。

汽笛が鳴り、列車が動き始めた。所持品を奪われながらも、皆はホームで待つ汽車目がけて走り出した。

我々家族も離ればなれにならない様に走り、屋根も外枠も無い無蓋車を追っかけた。

最後尾に辿り着き動く貨車に長男は次男を押し上げ自分もよじ登ったが、私を背負い乳児を抱いていた母は走る汽車に飛び乗ることができず、列車との間隔が開き始めたので、長男は次男を再び列車から降ろし自分も飛び降りてホームにいる母のもとへ走り戻った。

離ればなれになることもなく、一家はその場に座り込んで抱き合って泣いた。

その時、再び汽笛が鳴り、先の方で列車が突然止まった。無蓋車の上から手を振る人々に向かって走り出し、家族はやっとの思いで列車に乗り込むことができた。

その時、私は大切にしていた革靴の片方が脱げ落ちたので、「拾ってくれ！」と泣き叫んだことを何故かよく憶えている。

幾つかの駅で水を補給し、食糧が無いので各所帯で自炊したり、武装した兵士に止められて長時間の検査があったりしたが、このまま奉天までの汽車旅行が続くかと思われた。しかし、突如八路軍（中国共産党軍）に列車を接収され、避難民は荒野に投げ出されるように捨てられてしまった。

真っ暗な平原の真只中、西も東も分からない闇の中で去った列車を追いかけるように歩き始める家族。何処からとなく銃声が聞こえるので、火も焚けず、野宿する者とに分かれた。

我々一家も線路上で抱き合って不安な一晩を過ごすこととなった。

翌朝、雲の立ち込めた曇天の中、野宿組は列車の去った方角へ歩き始めた。奉天までは３００キロ以上はあろう、子供連れの足では４、５日はかかるだろうか？長男の背中に乳児、母の手をしっかり握る次男、私は母の背中に背負われて何も知ることなく、一家は満洲の大平原に続く線路の上を只ひたすらに歩き始めた。

殆どの持ち物は暴民に奪われ、僅かな高粱（コーリャン）、粟、パン等の食料と衣類、乳児の枕に埋め込んだ写真と貴重品が全ての財産となった。

堅パンをお湯で溶かしての食糧は乳児の妹は受け付けず、お白湯しか与えることができなかったことに母はどんな思いであったろうか。

幼少の頃、母が引き揚げ中の話を聞かせる時、線路の先を歩く長兄がピクニックの歌を口ずさみ皆で合唱した歌から始まるのが常であった。

「きょうは遠足、ポチもカロも、来い来い。足並み揃えて、後から来い来い。背中のランドセル、覗んで来い来い、吹こうかハーモニカ、食べようかチョコレイト」

乳児の泣き声で、飢え死を前にした新生児を持つ逃避行の現実に戻され、それから四日間に及ぶ鉄道線路上徒歩の旅が始まった。

晩秋の重苦しい雲が太陽を遮る肌寒い中、一家は点と点を結ぶ50キロ毎に続く停車場を頼りに歩き続けた。お乳も与えられず、日ごとに衰弱してゆく乳児は泣く声もかすれてきたが為すすべもなかったという。

「振り返り眺めた万里の長城は空高く、晴れ渡った空はコバルト色に染まり、大平原に沈む夕陽は他に類を見ない美しさだった」

と母は当時を思い出して語っていた。

陽が落ち一面が闇に閉ざされた一角に目当ての停留所の灯りが見えると一家は奮い立って駅を目指した。

木造建ての駅は「新民駅」と書かれていた。

駅にはソ連製戦車が置かれ、明らかにソ連軍の管轄に置かれていた。

駅舎の中は避難民で溢れ、当時、邦人女性は髪を短く断髪し、男性を装わねばならなかった。

翌朝、母子達はプラットホームを後にし、再び目的地に向かって歩き出すが、その日の昼下がり、乳児・紅子は長男の背中で息を引き取った。

乳を与えられず、一歳を迎えることもなく餓死させてしまった悲しみはその後、心の重荷として家族全員が背負うことになった。

私は誕生した妹に哺乳瓶でミルクをやる担当になっていたことは憶えていないが、線路上で家族が妹の死を悲しんでいる光景を明確に憶えている。

妹の死は我々にとっては最大の悲劇ではあったが、長く続く線路脇には力尽き倒れた邦人の死体が放置されていた為、長兄は亡くなった紅子を背負ったまま歩き続けたらしい。

目的地の奉天市を真近にした線路に、私達避難民を置き去りにして発ち去った疎開列車が爆破され無残な姿で放置されていた。生死を分ける運命とは何と計り知れないことなのであろうか。奉天には満鉄に勤める剛玄の実弟・山口母智美夫婦が住んでいたので消息を訪ね、再会することができた。実弟も又、妻を亡くしたばかりであったので、妹・紅子と共に荼毘に付し、それから1年後、やっと二家族は揃って日本に引き揚げることができた。

引き揚げ船中で与えられたお粗末な食事が脂臭かったこと、大勢の人々が床や甲板で寝転んで身動きできなかったこと等を想い出す。

一家4人が日本へなんとか生還できたのは、まさに母の子供達を思う強靭な力に他ならないが、私達が成長した後、何時も告げられる母の口癖は、

「お前達が今、生きていられるのは、代わりに死んで呉れた紅子や多くの亡くなった日本人、そして引き揚げ中に助けて呉れた見知らぬ人々のお陰だから、これからお前達の人生は、社会や全ての人々に対する〝恩返しの人生〟にしなさい……」

であった。

母は96歳で亡くなるまで、自分のことよりも人に対する思い遣りと周りの人々に尽す人生であった様に思う。

日本の敗戦によって、満洲に残された邦人の数は105万人でそのうち24万5000人が犠牲となり、満洲での民間人犠牲者の数は、東京大空襲や広島の原爆投下、更には沖縄戦を凌ぐと言われている。

引き揚げから父との再会

新生児を亡くした家族４人は昭和21年、長崎県佐世保に引き揚げ、母の実家、宮崎県京町真幸に辿り着くことができた。

実家には母の祖母、母、母の兄弟姉妹、長男家族の計10人が居住しており、そこへ私達家族が加わって14人の大所帯となった。農家で広い屋敷とはいえ、毎日の生活は大変で、食事時の混乱と騒がしかったことを憶えている。

ほどなく我々家族は学徒動員から復員していた母の弟、岩上長興叔父が田畑を売却して共に上京し東京青山３丁目に居住を定めた。

戦後間もない青山一帯は空襲による被害から瓦礫と焼け野原で、隣の表参道から渋谷駅のガードを眺められる程、何も無かった。

母は毎日出稼ぎで不在の為、上の兄（剛仙）と裏の善光寺で遊ぶか、焼け野原を掘り返して金物集めに精を出した。人骨に触れて腰を抜かしたのもその頃であった。

食糧不足で毎日が空腹だった。

母に告げると、

「お父さんはシベリアでもっともっと大変な思いをしているのですから、我慢しなさい」

とよく言われた。

私が成人してから、母から「お前は〝僕達がお腹すいても、じっと我慢すれば、お父さんがお腹いっぱいになるんでしょう！〟と言っていたよ」と聞いた。正直、はっきり憶えてはいないが、我ながら健気であったと思う。

また父の無事を祈って、焼け跡から刃物を見つけては神棚に飾っていたらしい。

他にも、青山３丁目から虎ノ門にあった銭湯まで長い距離を歩いてお風呂に行ったこと、善光寺での花まつりにお釈迦様に注いだ甘茶、折々の行事で戴くお菓子、進駐軍のジープから米兵より投げ与えられるガムやチョコレートに何故か手を出せずじっと眺めているうちに他の子に横取りされたこと等、幼い想い出は尽きない。

昭和22年11月に父・剛玄がシベリアの捕虜生活から解放されて日本に帰国、郷里の鹿児島、母の実家を経てやっと我々の元に戻って来た。

何時だったかは覚えてはいないが寒い夜中、ドンドン戸を叩く音で目が覚め、父が帰って来たことを告げられた、兄（剛正）が父に抱きついているのを見てどうしたら良いのか戸惑ったことを想い出す。

昭和23年4月、港区立青山小学校一年生に入学、学校裏の青山墓地の桜は満開だった。

そして翌年1月、妹・山口真喜子が誕生した。

内弟子と浅草道場

母子の引き揚げ、父のシベリアからの復員後、家族全員が揃って再出発を迎えた頃の日本は生きるだけで精一杯の時代であった。

父は瓦礫と焼け野原の青山に見切りを付け、活気ある浅草寺、仲見世、六区から程近い下町浅草へ転居した。

今思えば全く先見の無い選択であったが、当時の青山一帯が現在の様な一等地に成るとは誰もが想像していなかったと思う。

私も青山小学校から台東区立待乳山小学校へ転校することになる。何故か次男の紀士夫は転校後、再び青山小学校へ戻ってしまった。

父の念願であった剛柔流空手道第1号道場は昭和23年4月浅草千束町に誕生した。格子窓付き畳敷き、裸電球の道場で、一段高い師範座席には長髪の父が火鉢を傍らに座っていた。

「ひさご通り」前の千東町角地、山口ビル住まいには都会を目指して上京して来た青年達が内弟子として同居し、家族同様に寝起きしていた。

彼らは、日中は父と共に浅草松屋デパートと自宅での商売の傍ら、夜は道場に通って荒稽古の毎日であったらしい。幼い私にとっては皆やさしいお兄さん達であった。

道場スタート当初、兄・剛正、剛仙は稽古に参加し、幼い私は畳に座らされて見るだけであったが、帰宅は毎回内弟子に背負われて、寝ながら帰っていた様である。

戦地に征かれた旧メンバーの消息を訪ね、地図を広げて日本中の仲間と連絡を取り合い、忙しく立ち回る大人達の姿を不思議に思っていたが、昭和25年5月「全日

1957年（昭和32）　浅草道場時代

本空手道剛柔会」が設立された。

私も8歳を迎え、好む好まざるに関わらず、道場通いが義務付けられた。

当然、夕食は稽古の後である。

浅草道場は私が18歳になる迄続くことに成るが、空手の稽古＝闘志と殺気、気合い、血だらけ、汗まみれ、少年の私にとって道場での荒々しい稽古振りと他流試合は強烈な想い出として記憶に残されている。


師範・山口剛玄、師範代・叔父の岩上長興先生、内弟子筆頭で師範代の中西昭雄先生、内弟子の﨑元千代吉先生、北新鐵次先生、私の従兄にあたる森川広範、両親が戦前京都にいた頃、宮城長順先生より依頼されて家に下宿されていたご長男、宮城敬先生、立命館で父の後輩にあたる曺寧柱先生、岡村光康先生、香川治義先生、極真館を樹立された大山倍達先生、秋田の小笠原希悦先生、浅草道場古参の間山統正氏、小川一郎氏、中島洋吉氏、親戚の下徳六男、剛柔流の大学空手道から日大芸術の此本孝、石橋雅美先生、明治大学の岩井達、吉田正男先生、明治学院大学の寺田伸一先生、他流派の大学空手道部の猛者が毎回出入りされていた頃である。

練習後、内弟子の先輩に背負われて近くの銭湯曙湯で汗を流し皆んなに囲まれての夕食は懐かしい想い出であった。

昭和26年、末娘・和歌子が誕生した。

この当時の恒例行事の一つ、正月鏡開きが懐かしい。門下生一同空手着素足で浅草寺仲見世通りを駆け抜け、観音様へ参拝する年頭行事であった。先頭は勿論、長髪をなびかせて走る山口剛玄先生と100名近い集団で掛け合う気合いは、町内の評判であったらしい。

大山倍達先生の想い出

浅草道場での自由組手は激しく、凄まじい迫力であったが、決して相手を倒すことが目的ではなかったし、上段の「寸止め」、中段の「当て止め」が原則であった。父は組手中によく「当てるな！」と指導していることが多かった。父の死後、誰かが「師範が〝当てるな！〟と言う時は〝当てろ〟と言う意味だ」と語っていたが、決してそんなことはなかった。父は実際に直撃したり、相手を痛めつける様な行為は嫌っていた筈である。

当時は空手道場の数が少なく、当然流派合同の試合も無かったことから交換稽古の名称で練習する時、負けられないと思う気持ちが過激な攻撃やコントロールできない感情的な組手になっていたことも多い。

なかには戦後の荒んだ捌け口として闘争心を丸出しにする者、喧嘩に強く成りたくて入門する者もいたかも知れない。土地柄か背中一杯に入れ墨をした門下生もいた。

私は目の前で10円玉を曲げてくれたり、三本の竹を紐で括ってその隙間に貫手で突き込んでは竹を握り込む荒業を見せてくれたり、いつも私を相手にやさしく接してくれる大山倍達先生が好きだったのでいろいろ質問したりしていた。

先生が私を相手に体当たりの仕方やどうしたら相手に効く突き、蹴りができるか説明してくれた時、他の白帯達も真似をし始めた。すると父は「この道場は〝寸止め〟が原則であるから白帯は正しい基本をやるべし……」と注意していた。

大山先生は「格闘技なのだから、実際に当て、当てられる練習も大切だ」と言われた。何故なら、身体を強固に鍛える鍛錬とは攻撃と防御共に生かされなければならず、実際に当てられたり、飛ばされたりして初めて弱点を知ることとなる。「打たれても倒れない武道的身体作りが重要であるから、まず強い身体作りから入らねばならない」と力説されていたと思う。

私自身、子供心に「成る程」と思っていたが、父は「空手道とは、空手の技術に加えて道としての躾であるとか、禅的な精神的修練が大切だから技術的修練の基礎は基本と型から始めなければならず、まず三戦と転掌を通して息吹を会得しなければならない」という様なことを言っていた。

どちらも正しいことを言っていることは分かったが、どちらに味方したら良いのか分からず黙って座って居た記憶がある。

既に大山先生は父から高段を授与されていた（昭和29年10月8日　教士・師範、昭和29年11月23日　7段）が、池袋で新しく道場を開設されるとのことから多くの黒帯がお手伝いとして池袋に行っていることを知った。私は「子供だから駄目だ」と言われた。

後日、父から大山先生が独立されたことを聞かされた。

しかし父は大山先生に授与した段位などは一切そのままにしていた。

1950年代　大山倍達氏と組手を行う父・剛玄

大山先生が田園コロシアムで牛と格闘する時、私もお手伝いとして会場に行き切符切りをしたことを思い出す。

息吹の使い方　満洲での虎との遭遇

流祖・宮城長順先生は「呼吸」のことを「気息の呑吐」と表現している。

「息吹」とは山口剛玄先生が命名したものだ。

「息吹」は基本型三戦・転掌の型を演武する時に使用する。開手型においては〝用意〟と〝直れ〟で息吹を行ない、型演武・組手中は陰の息吹を使用する。

開手型演武においては実際の攻防を想定した動作であるから呼吸音は控え、基本型は鍛錬を目的とする型として呼吸音を表現しても良い、とされている。

父から聞いた話であるが、

「宮城長順先生は戦地に行く弟子に対して「気息の呑吐」は戦地にて鉄砲弾が飛んで来る〝たこ壺〟の中で三戦の動作で行なう様に指導した」

と聞いた。

その理由は力を入れて呼吸を強く行なうことで精神を発奮させ、自身を鼓舞する為である。

流祖は気力が落ち込んだ時、強い呼吸によって活気を取り戻すことを重視した様である。また流祖は風の強い嵐の浜辺で好んで三戦の型と呼吸法を鍛えたらしい。

1929年（昭和４）流祖・宮城長順先生　京都にて

山口剛玄は「滝行」の時に「息吹」は効果があると教えている。特に冬の冷水の中での精神集中には「息吹」が欠かせないと言う。

息吹音を高める良い方法は「滝行」に於いて、滝の音に打ち消されない様に、滝の強さや冷たさに負けない様に息吹音を高めることによって良い訓練ができると言っていた。

現在、「息吹」は「三戦」「転掌」の型演武及び「用意」を行なう時にしか使用しないが、会祖は当初は「自由組手」の時にも対峙している相手に「息吹」を吹き掛けたという。

自叙伝の中で満洲にて実際に格闘した時にも「息吹」を発して戦ったと記している。

理由を聞くと、剣道は試合が始まった時点で気合いの掛け合いが始まり、極めの時には必ず〝気合い〟を入れなければならない。〝気合い〟の無い打ち込みは気迫不十分とされる。

子供の頃、鹿児島で示現流を習っていた時から〝気合い〟、〝発声〟は重視され、〝気合い〟と共に一剣必殺の技を繰り出さねばならない。

剛柔流空手道で宮城長順先生の腹から出る〝息吹〟に感銘し、空手の「自由組手」では開始と同時に「息吹」で己を鼓舞し「丹田集中」を計ったという。

勿論、対戦相手を威嚇する為ではなかったが、相手によっては戦意を消失する者も多かったという。

「〃息吹〃が一番効果的だったことは満洲の山中で虎と遭遇した時だった……」

と話してくれた。

特殊任務で探索の為、山中を歩いている時、前方の茂みから虎が現れた。

虎との距離は左程近くなかったが、一瞬たじろいだ。虎もじっとこちらを見ていた。

「逃げれば必ず襲われる」と判断して、虎の眼を睨みつけ、身体を大きく見せる為、両足を開き、両手も三戦より広めに構え、出来るだけ大きく、強い「息吹」を繰り返した。

虎も吠え返した様な気がしたので、負けまいと「息吹」を繰り返しているうちに無心になれた。

気が付いたら、虎が向きを変えて去って行ったが、その場に座り込んでしまった。

後日、「虎と戦って素手で倒したと……」という話が広まっていると聞いたが、それは間違っている。

「一心不乱の〝息吹〟が動物としての威嚇闘争に役立ったのではないかと思っている」と話してくれた。

晩年、父は「息吹」を用いて「剛柔の九字切り」と称するお払いを実践していた。勿論これは空手道としてではなく、仏教の祈祷修練の結果成し得た呼吸法であろう。

「死ぬときは死ね」の話

まだ小学生だった時の父からの話である。

本書にも登場する捕虜時代〈ゲ・ペ・ウの取り調べ〉において土塀に立たされて銃殺されそうになった時の話を聞かされた。

そして最後に「お前も、死ぬ時は死ねよ」と言われたが、何のことか全く分からなかった。


父は満洲での出来事に関して子供たちに余り語ろうとはしなかったので、何がキッカケでその時の話になったかは憶えていない。

父にとっても強烈な記憶に違いないから、シベリアでの体験が如何に厳しかったかを話してくれたのかも知れない。


私が高校生になって、町の不良グループとトラブルになり、警察署に届け出たことによってグループの番長が逮捕され少年院送りとなった。

1年後、番長が少年院から解放されて地元に帰って来、私に1週間後、グループの本拠地である彼らの事務所に一人で来る様呼び出しが掛った。

空手の先輩に相談したところ、「刺される恐れがあるから腹に新聞紙を厚手に当て、その上から晒しを巻いて背中に短刀を忍ばせて行け」と忠告された。

身の危険を感じ、事務所に行かない方法はないか、又は再度警察に行った方が良いのかを父に相談した。

再び、父から銃殺されそうになった時の話をされた。

父が捕虜になって「特務情報を明かさなければ銃殺する」と言われた時、実際には恐怖で膝が震えそうになり、立ち上がれなかったと話してくれた。

その時、周りのソ連兵がニヤニヤ笑っていたので日本人として無様な姿は見せたくないと思い、武人らしく潔く死ぬことに決心したらしい。

決心したら、一瞬に恐怖心が去り、土塀前まで一人で歩くことが出来たそうである。

父が銃殺を逃れられたのは死を超越した覚悟によって得られた結果だったのであろう。

「死ぬ時は死ね」は物事から逃げないで整然と立ち向かう姿勢を語ってくれたの

だと理解することが出来た。

私は父の教え通り、呼び出しを拒否しても、警察に行っても問題は解決しないと決心して、一人で行くことにした。

短刀は持参しなかったが、念の為、学生服のシャツの下に分からない様、晒しだけは巻いておいた。

当日、事務所では多人数の中、落ち着いて相手と対峙でき、父が銃殺から逃れたのと同じ様な結果となった。勿論、事務所から父に電話をさせたことも良い結果に繋がったのであろう。

その後、不良グループから街中で頭を下げられるのは全く閉口した。

山口剛玄の組手

浅草道場の開設当時、非常に荒々しい稽古風景の中、父の組手は相手を威圧したり、当てたりする粗暴な立ち振る舞いを禁じた穏やかな指導であった。

「猫足立」の両手構えは上の手が高く、開手の縦構えだった気がする。

口元が笑っていて優しささえ感じる構えであったが、眼力は鋭かった。

余り自分から攻撃を仕掛けることはなく、相手の出鼻を捉える様なタイミングで反撃していた。技は低い蹴りと裏打ちや開手による掌底が多かった。

父と自由組手をした先輩の殆んどが、組手終了後、頭を掻く様な、照れ笑いで戻って来た。独り言のように「だめだなー」と呟いた人もいた。

父と組手をやった人達が決まって言うことは、「自分の力が発揮できないまま終わってしまう」らしい。それは、

「攻撃を仕掛けようとすると、膝や肘を押えられて技にならず。スーと懐に入り込まれて、既に眼の前には先生の手が来ている」

と言うことであった。

動きは猫足による、斜め移動と円を描く様に回り込む……のだそうだ。

1963年（昭和38）頃

私は当時少年だったので父と自由組手はやって貰えなかったが、大学生になって空手衣を着用してのＣＭ撮影の機会があった。

太陽が差し込む竹藪の中で、スタッフから「カメラを回すから自由に戦って下さい」と要求された。

何の打ち合わせもなかったし、まさか実際に乱取り組手をするとは思ってもいなかったので、父に〝どうしますか？〟と尋ねたら「普通に立ち回わろう！」と言われた。

初めての父との組手にどうしたら良いのかも分からず、適当に手足を出していたら、スタッフから「もっと近づいて、もう少し激しくお願いします」と声が掛ったので、父が何歳だったかも考えずに夢中になってしまった。

撮り終わってから演出を担当していたスタッフが「迫力のある良い画が撮れました」と感謝された。

確か建築関係のCMだったと思うが、その時のフィルムを保管しなかったのが今更ながら残念である。テレビで放映されたのは、暗い竹藪の中で細長い太陽光線を浴びた老人に立ち向かう若者の画像が短いカットではあったが、鮮明に映し出されていた。放映期間がどの位だったかは憶えていないが、想い出深い、父との最初で最後の自由組手であった。

上野、墨田、湯島、日暮里、杉並時代

1949年（昭和24）、戦後の復興混乱の中、山口剛玄によって設立スタートさ

1960年（昭和35）西町道場時代。当時の剛柔会幹部

れた浅草道場は地域の緑化開発計画の為に移設を余儀なくされた。

以後、道場は上野、墨田、湯島、日暮里そして現在の杉並へと所を変えて活動することになる。

多くの若者達の拠り所として11年間継続された浅草千束道場は閉鎖され、門下生の一部は独立されて其々の組織を立上げ、山口一家が居住していた浅草千束町住居も上野に移転した。本部道場は上野駅に近い西町地下道場となり、墨田区押上地区にも道場を開設し組織の拡張が計られた。

浅草道場で育った外国人は帰国してから母国で指導を始め、次男・山口剛仙も渡米してサンフランシスコ支部を創立し、外国に向けての指導が開始された。

その他にも同時期に全日本空手道剛柔会設立当時の幹部先生方を中心にした「剛柔流空手道」映画を製作する等、広報活動も盛んに行なわれた。

浅草道場では一般を対象にした練習が主体であったが、学生を対象としたクラスを設ける等、増加する練習生に応えて１９６３年（昭和38）、上野不忍池付近の文京区湯島に本部道場が移転された。

道場は山手線上野駅と御徒町駅の中間で、繁華街の真ん中にあり以前はナイトクラブとして使用されていたらしく、螺旋階段を上った二階は広く立派なご神殿とステージとなっており、舞台から見下ろす稽古風景は壮観だった。

ここには昼間から練習生が押し掛け、毎日３部交代の指導体制を執って大変充実した空手道場であったと思う。

剛柔会国内組織もまとまってきたことから、まだ空手界では差程開催されていなかった競技大会「第１回全日本空手道剛柔会全日本空手道選手権大会」が実行委員長・山口剛正の下、両国国技館において開催された。

東京チーム団体組手は監督・山口剛正、選手・田崎修司、山本権兵衛、矢部久忠、下徳六男、山口剛史で編成され優勝を果たした。


私は日本大学藝術学部映画学科に入学し、木南一郎先生が監督を務めておられた当会大学支部である剛柔流空手道部に入部していたが、先輩猛者が沢山いて稽古も大変厳しかった。

1964年（昭和39）は東京オリンピックの年で、日本の空手道団体による流派を超越した全国組織統合が検討され「全日本空手道連盟」が設立、山口剛玄が剛柔流を代表して元老、資格審議委員に就任し、オリンピック柔道会場として建設された日本武道館開館記念演武にてスーパーリンペイの型を演武される等、空手界の統一にも貢献をされていた。（276頁写真）

その後、私は大学を休学して、米国ミズーリ州カンザスシティに空手道指導の為渡航することになった。

同じ様に日本大学藝術学部空手道部ＯＢ・鶴岡孝夫氏がブラジル、村上清司、貞広鉄夫氏がタイ国、明治学院大学空手部ＯＢ・原田注氏が香港渡航等其々支部を開設する。

その他にも湯島道場本部から永井指導員がオーストラリア・パースに外国支部からの要請を受けて渡航し、東南アジア、米国、オーストラリア等へ指導者の派遣及び海外支部を認定して剛柔会国際組織の拡大、充実を計ることとなり「国際空手道剛柔会（IKGA）」が１９６５年（昭和40）、正式に設立された。

山口剛玄はその後各国大会に招聘される。

「全米空手道剛柔会大会」に出席、国際連合より招待を受けて国連バッジを授与され、世界から"The Cat"のニックネームで呼ばれ始めたのもこの頃であった。

空手道普及と共にヨガ、神道修行にも力を注ぎ、戦後、満洲そしてシベリアから死線を越えて生還して成し得た、まさに順風満帆の頃であったと思う。

そんな折の１９６６年（昭和41）、初めての著書として自叙伝『剛柔の息吹』が発刊されたのであった。

「日本空手道専門学校」と「剛柔神教」

以前から山口剛玄には壮大な夢があった。

それは空手道を学校教育として高める為の学校法人と、己の修行として学生時代から行なっていた神仏への崇拝すなわち宗教法人の設立であった。

二つの願望を達成する為に湯島不忍池道場からその本拠地を杉並区へ移す計画が実行された。同時に荒川区に「日暮里剛柔館」を開設する。

1968年（昭和43）、多額な資金を投じて杉並区善福寺の250坪、旧豪邸跡地を購入して自宅居住と100畳敷き道場、3階建てのビル「国際空手道剛柔会」「全日本空手道剛柔会」「日本空手道剛柔館」本部道場を建築、開設した。

阿吽の仁王像を正面に構えた日本庭園に囲まれた1階が道場、事務所、2階は外国人の為の宿舎、3階には神殿が祀られ、巨大プロジェクトとして走り出した。

剛柔館は少年部・学生部・一般部・国際部に分けられ、石橋雅美、坂本誠二、坂本喜平各師範が指導され、妹の山口和歌子が少年部を担当した。また山口剛玄範士によるヨガ教室も開設された。

この頃山口剛玄著初の『空手道教範』も出版することになって、サラリーマン一年生だった私は『空手道教範』の出版にのみ協力する事が出来た。

父は空手道普及の功績により1969年（昭和44）、空手道連盟の推薦を受けて藍綬褒章を受章。六本木キャラバンサライにて空手界による祝賀会が盛大に執り行われた。

翌年「全日本空手道連盟」主催でWKF（World Karate Federation）の前身WUKO（World Union of Karatedō Organizations）、47ヵ国参加による「第1回世界空手道選手権大会」が日本武道館にて開催され、空手道は世界のスポーツとして普及発展が証明された。

国際支部からの研修生が増えるなか、海外指導員、外国人指導者の育成が重要な課題となる。

更に教育対象としての価値を高める為には専門的空手道教育の学校施設が必要であると考え、学校法人取得の為に奮闘しながら、「日本空手道専門学校」をもスタートした。

また毎日の宗教神事も欠かさず行なわれ、念願の宗教法人「剛柔神教」の認定を受けて普及活動にも専念していた。

専門学校の修練内容は松濤館流、和道流、糸東流、剛柔流、四大流派及び古武術をも教科に入れて壮大な発想でスタートし、国内外に卒業生を送り出したが、現実として生徒の確保、運営は厳しく、武道教育、宗教活動とのバランスにも大きな問題が生じ始めた。

１９７２年（昭和47）武道顕彰賞（名誉有功章）を授賞するも、空手道連盟の元老、資格審議委員等の役職を引き、内外との摩擦、管理体制の諸問題等により剛柔会組織内でも亀裂が生じ、懸念されていた剛柔会組織は「全日本空手道連盟剛柔会」と「全日本空手道剛柔会」とに分裂することになった。

父は理想と現実との狭間に生じた諸問題を解決する為に、広大な新道場を手放すこととなったが、資産を投じて設立した施設と組織の解体にあたって、その心境は如何ばかりであったろうか。

それでも父は、私に対しては、自分自身の立場をわきまえて、自分の生活を守り、剛柔流空手道の精進と全国及び地域の空手道連盟に貢献するように申し渡された。

壮大な事業と父の願望に添えず、息子として何の力にもなれなかったことは誠に残念な思いであった。

父の教えと修業について　木曽御岳修業

『剛柔の息吹』で、父自身の修業については剣道、相撲、空手道、神道、仏教、ヨガ等、多岐に亘って記述されているが、私が父と接して、子供の頃より感じていた父の修業について思い起してみたい。

父が信心深いことは、幼少の頃から身に沁みて感じていた。朝早くから神社、お寺に参拝し、道場、自宅の神棚、仏壇は父自身の手によって何時も清掃されていた。お参りの仕方、習慣には厳しかったが、神仏への業の強制はなかった。

私の空手道修練は、私自身が自分から好んで入った訳ではない。しかし物心つき始めた時点から道場に連れて行かれていたので、空手に接することには何の抵抗もなく、道場から内弟子のお兄さん等に負ぶさって帰宅するのが通常であったから、空手着を与えられた時は嬉しかった様な記憶がある。

ただ床に着く位の長い白帯は理由が分からなかったが、成長してから成る程と納得できた。白帯は後に三級に合格した時、茶色に染めねばならず、初段に合格すれば黒に染めることになる。

現在は白から黄色、オレンジ、緑、青、茶、そして黒帯と新品の帯を購入するが、当時は帯を染めねばならない為、入門時に与えられた白帯を茶色、黒に染める頃には長さも丁度良くなるのである。

黒帯になる頃には既にボロボロであるが手触りも良く、その帯がすり切れそうになって初めて新品の黒帯を購入することを許された。

父の教えで厳しかったのは、夏休みの期間に、私達兄弟に他県支部道場へ紹介状を持たせて武者修業させることであった。

東京を発って和歌山県まで10通位の道場紹介状を携えて出発するのである。上の兄が中学生、私は小学生だった。支部道場に到着して壇上で紹介され、皆から拍手で迎えられた後は型の見せ合い、そしてお決まりの自由組手。私は兎も角、兄は帰る頃には顔が腫れあがり、足を引きずっての旅であった。一度、私が兄に内緒で紹介状の1通を隠し、帰京したら先方から既に連絡が入っていたらしく、父からこっぴどく叱られた。

父の武道修業は〝武芸百般〟をモットーとしていたので、幼少から剣道、柔道を主体として体力を作り、空手、相撲、古武術とその枠を広げたらしい。

鎖鎌の演武はよくやっていて、稽古中に鎖の先端が頭に当たって流血しながら鎖を振り回していた記憶があるが、「俺は絶対やらない」と決めたものだ。

柔道、剣道は当然、強制的にやらされた。安全の為、剣道で面を付けても、私より背の高い父の打ち込む竹刀が反り返り、保護あての無い後頭部に当たるのが悲痛の思いであった。剣道の素振り稽古は示現流の一刀必殺の振り落としとしか教えてくれなかった。映画や芝居で見るかっこいい剣術とは余りにも違うので熱が入らず、叱られることが多かった。

柔道の稽古では首を絞められて、私が落ちて気絶するのを黙って見ていた父を恨み、非情に想ったことをよく憶えている。

武術修練は本命の他に別の何かを修練することが大切であると言われていた。〝術〟としての共通性は勿論、〝尚武の気風〟を体感、身に付けることができるからであろう。

父の修練において生涯に亘って徹底されたのが精神修業ではなかっただろうか？

若い頃、鞍馬山に籠って修業した話はよく聞かされた。里心を起こして下山しない為に眉毛を剃ったが、生え揃うのに苦労したらしい。

私の学生時代から父の晩年、そして父が亡くなる迄の間、道場での座禅、神前業、木曽御嶽での荒行に専念する父の姿は当たり前であったが、誰でも真似できることではない……と今更ながら想う。

毎朝、早朝から、父は神前に座っていた、時間にして2時間は下らない。3～4時間の時もあった。私の寝床まで祝詞の声が届いていた。


父との生活で正月を一緒に過ごしたのは幼い頃から、ほんの僅かである。

何故なら、12月暮れから正月にかけて、木曽御岳の行場で新年を迎え、滝行、断食行、瞑想行をする為に家を留守にするのである。

断食行の時はげっそり痩せて戻って来た、真冬の寒い滝行は辛いらしいが一度も強制されたことはなかった。

私は学生の頃、登山を趣味にしていたので、夏の木曽御嶽の修業に同行したことがあった。その時の信者・修行者には年配の方が多く、太ったご婦人もおられた。彼等にとって木曽御嶽山の急な登山路は厳しく、立ち往生された老人を何度も背負子で担いで登り降りした時には父から褒められて嬉しかったが、滝行の凄まじかったことは忘れられない。

現在、有段者や外国からのメンバーから先達する行者の同行無しで滝行を行なう話を聞くことがあるが、興味半分の滝行は止めた方が良い。滝行指導者の指示で正しく修行すれば素晴らしい体験になると思う。

父はよく杉並剛柔館の3階で「ピラミッド」と称する四角錐のトップに水晶球を乗せ、座禅を組んで修行していた、ある日、私の友人が訪ねて来て、1階の道場で遊んでいる時、父の三段繋ぎの尺八を振り回して遊んでいた時に先が抜け飛び、大きな鏡を割ってしまった。本人が落ち込んでいたので私が割ったことにして座禅が済んだ父に報告したら、黙って頷いた父が、一言「本人は自覚しているのか？」と聞かれ……困ったことがあった。

父の修養理想は空手道、ヨガ、神道の「三体一致」の理念であったが、修行不足の私にとっては雲を掴むような話であった。

今、私も77歳を迎え、神仏に対する敬意から、毎朝ご神前、仏壇に手を合わせ、御経を読むことの尊さを感じる様になった。

山口剛玄との外出、外遊

父の出で立ちは、あの長髪に羽織袴と草履履き、脇差を差せばそのまま昔の「お侍」で通った。

毎日の生活も日本での外出も同じであるが、外国渡航となると異色な雰囲気を醸し出す。

生前、父と同行していろいろな所を訪問した。

当時、浅草界隈は山口家にとっては地元であり、庭みたいな感覚であったから、連れだって六区、仲見世を歩くと周りの人が道を開けてくれたものだ。

一番困ったことは、明らかにヤバそうなおじさん、お兄さん達が後に一歩下がって頭を下げ、片手をかざして私達を通してくれる時だ。

父は黙って頷きながら嬉しそうだが、周りから見たらどう見てもその筋の親分親子にしか見られなかった筈である。

一度だけ父が中学校の父母会に来た時があった。

次兄が3年、私が1年生の時だ。教室の窓から校庭を見下ろすと人だかりが出来ており、何かと思ってよく見たら、父が円の真ん中で空手をやっていた。

父が鹿児島出身者であったこともあろうが、家族が父と同行する時は必ず家族は後ろから着いて歩く癖があった。まして男子は父の鞄、羽織を持って書生と警護役の立場になるので、無意識に周りに気を配ることとなる。何故か、私のことを「君、君、」と呼ぶこともあった。誰が見ても親子とは思わなかっただろうし、たまに私を「息子です」と紹介すると、驚かれることが多かった。

父との外出は人目に付くことが多かったが弟子としての自覚も持てた。何より颯爽と歩き、堂々とした態度は武道家らしく、誇らしい気持ちになれたものだ。

大会等に招待されて、背筋を伸ばして正面席に座る父の姿には凛とした存在感を感じたことが多い。

席に座ったそのままの姿勢で大会終了まで何時間も身動きしないで居たのは、毎朝の神前礼拝修行の結果ではなかっただろうか。

私も現在、会長職として正面席に鎮座しなければならないことが多く、父を見習って姿勢を正して、我慢してじっとすべきと願うも中々厳しい現状である。
国際組織を立ち上げた頃、父自ら車で、外国メンバーの送り迎えをしたことが度々あった。
ある日、父が運転するフィアットのオープンカーで空港に出迎え高速道路を走行中、道路の真中を悠々と走っていた為、後方が渋滞となり、白バイから左に寄る様注意されても警察官に手を振りながら運転していた時にはさすがに驚いた。
山口剛玄が外国に渡航する時には必ず門弟が同行し、旅の手配、手順、通訳も心掛けたが、当時は外国語を話せる者も少なく、通訳は渡航先の弟子が担当していた。
それでも入管、税関での通過は本人しか面接しないのであるが、あの威圧感で何を喋らなくても通ってしまったらしい。一度、入国管理官に何か聞かれたのか、
"I am Samurai"
と答えていた。

父に同行しての外遊は想い出深いことが多かった。

当時は余り空手道を知られていなかったので、よく、「カラテ」と発音せず「カラレ、カラレ」と言われることが多かったが、その度に真剣に「カラテドーです」と訂正していた。

1966年（昭和41）外遊の際の一枚

物珍しい父の出で立ちを問われてもニコニコ対応していたし、肘の巨大な「巻藁ダコ」や足の「座りタコ」を見せては驚かせていた。

昔から父は、辛いとか、痛いとか、苦しいとかの弱音を吐いたり、苦情を口にすることはなかったが、食事メニューに菜食者用の料理が無い時でも、断食行には慣れているからと水だけで食事を取らないこともあった。

アジアを訪問した時、招待国が予算を節約してホテルを予約せず、1日のセミナー終了後、次の町まで夜移動し、車中で睡眠をとって、あくる日またセミナーを行ない、再び車中で移動する旅が続いた時も何も文句は言わず我慢していた。

さすがに三日目には私達が頭にきて付き添いに文句を言ったら、「お金が掛るのだろうから先方の計画に従おう」と言って、私達が戒められたことがあった。


私達がセミナー等で指導している時でも必ず同席し、黙って練習風景を視察し、長時間の審査会では眼を閉じているので旅の疲れで寝ているのかと思ったら、その都度眼を開けて採点用紙に記入し、再度瞑想していた。

父の空手に接する姿勢を見て、芯から空手が好きな人だと思うことが多かった。

ハワイ、サンフランシスコ、ニューヨーク、オーストラリア、インドネシア、インド、タイ、マレーシア、シンガポール、韓国、香港等何処にでも気楽に出掛け、外国支部の発展に無償で寄与していた父の姿を想い出す。

全日本空手道剛柔会の再生

剛柔会組織分裂を超えて１９７６年（昭和51）、新旧門下生による「山口剛玄先生恩師会」を発足させて恩師を労い、ご健勝を願って一堂に会した。

海外支部メンバーの動揺や問い合わせに応えて、１９７７（昭和52）年、全日本空手道剛柔会「国際親善演武大会」を明治神宮において催し、「第１回全日本空手道剛柔会修練大会」を開催、会員相互の団結を計った。

「流祖宮城長順先生没20周年」に本土から山口剛玄先生以下８名が沖縄墓参に訪問した際、没25周年を東京で開催すべく提案し、１９７８（昭和53）年２月11日、「流祖宮城長順先生25周年祭顕彰大会」開催の為に流祖宮城長順先生墓参団を編成して沖縄を訪問した。

本土からは酒井節雄先生、山口剛玄他10名、沖縄剛柔会より八木明徳範士以下12名、宮城家より宮城健先生が流祖の墓参に参加された。

同年の5月7日、明治神宮神宮会館に於いて「流祖宮城長順先生25周年祭顕彰大会」を酒井節雄先生のご支援によって開催されることになった。

「全日本空手道剛柔会」代表・山口剛玄範士、「沖縄空手道剛柔会」代表・八木明徳範士、両代表共催によって開催された顕彰大会は、明治神宮にて役員による奉納神事行事、第1部奉納演武、式典、第2部奉納演武、懇親やすらぎ会が明治神宮会館にて執り行われ、関係者総計2400名の参加を以って盛大に開催された。

式典出席者、演武参加者、招待演武としてご出席戴いた他流派、会派、他武道、ヨガ、琉球舞踊、詩吟、尺八宗家等高名な諸先生方のご出席、ご演武を拝見できたことは誠に光栄な顕彰大会であった。

同年、全日本空手道剛柔会は組織を再構築し、初代会長・衆議院議員元法務大臣・田中伊三治先生、最高顧問・酒井節雄先生、最高師範・山口剛玄先生、初代理事長に此本孝先生が就任。

新役員として曺寧柱、岡村光康、岩上長興、崎本千代吉、今江正伍、北新鐵次、

1976年（昭和51）　第一回山口剛玄恩師会

小磯康男、坂本誠二、小笠原希悦、山口剛仙、山口剛史、下徳六男、菊池広正、増田一郎、赤尾健一、他（敬称略）の役員及び登録道場会員が山口剛玄先生を盛り上げて「全日本空手道剛柔会」再建に貢献された。

その後も沖縄墓参は定期的に行なわれ、１９８１年（昭和56）には山口剛玄以下23名参加による流祖・宮城長順先生墓参、沖縄剛柔会明武館・八木明徳先生ご門下との合同研修会も開催された。

１９８３年（昭和58）には「流祖宮城長順先生30周年祭顕彰記念国際親善大会」を国立競技場代々木第2体育館で開催する等、国内外の交流も活発となり、国立競技場代々木第2体育館において毎年、全国大会を開催する運びとなった。

山口剛玄先生77歳、喜寿は東京プリンスホテルにて恩師会が中心になってお祝い会を催し、父は空手道修練の道標「道心」を発表した。（289頁に掲載）

1972年の組織分裂から1989年に生涯を全うされるまでの17年間、師を敬う多くの門下生や孫達に囲まれて父・山口剛玄は穏やかな余生であったと私は確信をしている。

この間、混乱と低迷の中にあっても全日本空手道剛柔会メンバーとして国際支部開設に貢献された指導者、世界・全国規模の大会で活躍、入賞された選手には心から敬意を表し、ここに成績を掲載させていただく。

1974（昭和49）年	山口和歌子	第3回全日本選手権大会　女子形　準優勝
1975（昭和50）年	山口和歌子	第4回全日本選手権大会　女子形　優勝
1976（昭和51）年	山口和歌子	第5回全日本選手権大会　女子形　優勝
	山田安子	第5回全日本選手権大会　女子形　3位
	坂本喜平	第5回全日本選手権大会　男子組手　準優勝
1977（昭和52）年	坂本喜平	第6回全日本選手権大会　男子組手無差別　準優勝
1979（昭和54）年	山田繁樹夫妻　ドイツ渡航　ドイツ剛柔会設立	
1980（昭和55）年	岡村鈴子	第8回全日本選手権大会　女子形　準優勝
	岡村鈴子	WKF 第5回世界選手権大会　女子形優勝
	岡村鈴子	WKF 第1回ワールドゲームスアメリカ　女子形優勝
	橋本　幹	全日本学生選手権大会　女子型優勝
	山口昌寿	第38回国民体育大会　群馬　男子形5位入賞
	山口昌寿	第11回全日本選手権大会　男子組手5位入賞
1984（昭和59）年	橋本　幹	全日本学生選手権大会　女子型準優勝
	月井　新	ニジェール渡航　支部開設
	二渡政彦	第40回鳥取国体　成人男子形入賞
	橋本　幹	全日本学生選手権大会　女子型優勝
	橋本　幹	全日本選手権大会　女子組手5位入賞
1986（昭和61）年	橋本　幹	世界学生空手道選手権大会　女子型優勝
	橋本　幹	全日本学生選手権大会　女子型優勝
	橋本　幹	WKF 第8回世界選手権大会　女子型準優勝
	二渡政彦	第41回山梨国体　成人男子形入賞
	二渡利江	第14回全日本選手権大会　女子組手第5位入賞
1987（昭和62）年	月井　新	フィリピン渡航、支部開設
	二渡政彦	第42回沖縄国体　成人男子形第5位入賞
1988（昭和63）年	齋藤彰宏	全日本学生選手権大会　男子組手準優勝
	山口昌寿	第43回国民体育大会　京都　男子形4位入賞
1989（昭和64）年	1月7日、昭和天皇　崩御。元号　昭和から平成となる。 5月20日午前6時32分　全日本空手道剛柔会会長・最高師範範士 山口剛玄先生逝去	

剛玄の臨終

１９８９年5月19日、妹・和歌子から父の異変を知らされ、杉並本部道場に向かった。

具合が悪くなった父は練馬区関町の自宅に戻れず、本部道場の隣部屋で休んでおり、２階から背負って1階に降りた。車に乗せる時、義弟が父に向かって「先生！誰に負ぶさっているか分かりますか？」と聞いた。

私の記憶の中で父親を「お父さん」と呼んだことはないので、この時初めて「親父！俺だよ！」と声掛けた。

幼少の頃から何時も、父のことは「先生」「最高師範」「会長」と呼んで、師弟関係の接し方しかしてこなかった。ましてや初めて息子に背負われて、プライドの高い父にとっても気まずいのではないかと思い、わざと乱暴な言葉で答えたのである。

私に背負われて、父がどの様だったかを知ることが出来なかったが、後に妹から「嬉しそうだったわよ」と聞かされた時、長年心の中に澱んでいたある想いが消え去った様な気がした。

それは私が14歳の思春期に、父と母が離婚して以来、胸深く澱んでいた父への割りきれない思いであった。

背負った父を車に乗せる為に降ろそうとした時、着ていたシャツの肩章付きボタンに父の長髪が絡み付き、何としても外れないので、仕方なく絡みついた髪の先端をハサミで切り取ることになった。

大分長い時間、父を背負ったままであったが、重さの記憶がない。

今考えても「あの髪の毛は何だったのだろう」と不思議な気持ちだったことを想い出す。

病院に入院させたが、担当医は危篤状態ではなく、「何を慌てているのだ……」位のことだったので安堵して皆、帰宅することになったが、何となく後ろ髪を引かれる思いがして、一人、父の病室に向かった。

ベットで眼が合うと、じっと私を下から見上げ、かすれた声で、

「俺は頑張った……、俺は幸せだった……」

と訴える様に呟いた。

これが最後の言葉となるとは思わず、「うん、頑張ったね！」と言って別れたのが永久の別れとなってしまったことが心残りとなっている。

翌日、早朝5時半頃、病院からの電話があったとの知らせで病院に駆け付けたが、誰一人、父を看取ることができなかった。

平成元年5月20日午前6時32分、山口剛玄は急性心不全で、81歳、波乱万丈の生涯を閉じた。安らかな死に顔であった。

同日、空手道着に着替えさせ、本部道場に安置、空手関係者、門下生とお別れ。

5月22日、杉並区願泉寺にて密葬。喪主・山口満枝、親族代表謝辞・山口剛正（長男）。9月26日、明治記念館にて故・山口剛玄先生　全日本空手道剛柔会会葬、会葬誌発行。全日本空手道剛柔会より特別称号証書「拳聖」を献上。

山口剛玄が眠る墓所（入間メモリアルパーク　埼玉県入間市大字寺竹 1061　区画：３区３号 192 番）

以上、思い出すままに満洲からの引き揚げから、父・剛玄との別れまでを書いてみた。

２０２０年は東京オリンピック、パラリンピックの年、全日本空手道剛柔会は創立70周年を迎え、山口剛玄生誕１１１年の年となる。

〃国破れて山河あり〃、望郷の思いで死線を越えて焦土と化した国土を踏み、打ちひしがれた日本人に強い精神力と誇りを蘇えらせたいと、日本復興の空手道として情熱を注いだ山口剛玄の魂に応えたいと心から願う毎日である。

増補改訂版　全日本空手道剛柔会組織表

全日本空手道剛柔会役員（平成三十年～令和元年）

最高師範
山口剛史

特別顧問
赤尾健一　菊池広正

技術顧問
石橋雅美

顧問
石原伸晃　稲葉敦央
井上貴勝　今村教夫
小笠原希悦　各務　滋
北新鐵次　中西昭雄
東後勝明　早坂義弘
増田一郎　務台猛雄
山下浩昭

常任相談役
坂本誠二　生沼　剛
野口正行

相談役
安斎昭男　市田昌生
柏倉美治　齋藤要藏
佐藤　武　高橋光夫
田上竣詞　田中利明
豊嶋建広　中川　昇
長谷川久雄　服部貞誼
藤田和人　星野次男
村上文夫　横山欽一
吉川利治　和田栄二

参与
猪熊悦子　恩田種徳
國本荘二　熊谷みや子
児玉美昭　小宮一哲

高橋成行　田崎正太郎
山縣郁夫　山口長壽

理事・評議員・監事・事務局

会長　山口剛史
副会長　坂本喜平
理事長　山田繁樹（執行委員）
副理事長　石田澄雄（執行委員）
副理事長　山口昌寿（執行委員）
副理事長　月井　新（執行委員）
副理事長　山下隆之（執行委員）
副理事長　山口剛平（執行委員）

理事
相崎哲志（専）　赤尾よし枝（専）
五十嵐理（専）　池辺利吉
鵜澤昌一（専）　大石秀峯
小原　博　河西　優
大塚正文　神田典明
漢人征治　向後　彰（専）
小島光代　古林俊夫
小日向藍菜（専）　今　忠一
齋藤彰宏（専）　坂本健治（専）
佐藤祐司　佐藤洋一
庄司一洋　杉浦直人（専）
鈴木　勇　鈴木　誠
瀬戸口礼二（専）　高瀬義之（専）
高橋ちよ　辻　誠（専）
土屋貴司（専）　長崎　勝（専）
中村美子（専）　仁井田崇志（専）
野賀　宏　野口正男（専）
平田哲也（専）　二渡利江
二渡政彦（専）　古橋達也
帆足幹夫　安村　宰
箭内民生（専）　山崎勝則
山田健剛（専）　山田安子
横井直久（専）　米澤明彦（専）
和賀章浩　若杉秀樹（専）
和田賢一（専）

（専）は専任理事

評議員

赤尾武俊　阿部達也
岩村和明　大須賀　敦
長部純平　隠田賢一
金子三枝子　神谷淳一
銀杏達也　桑島義智
小橋克史　小林弓美子
斉藤准子　桜井和治
桜井礼子　霜　雄一郎
高桑昌彦　高橋　茂
田辺　孝夫　塚越順治
月井　翼　冨田昌洋
永井恭子　永谷博司
中村亮司　中山勇幸
袴田保和　平濱　豊
ブレント・リーガン
森山浩和　柳田　誠
山下　薫　山本信一
山本正之　渡部　勝

監事

御子貝初枝

事務局長

土屋貴司

事務局次長　米澤明彦
事務局員　赤尾武俊

専門委員会委員（平成三十年～令和元年）

資格審議委員

最高師範　山口剛史
◎坂本喜平　○山田繁樹
赤尾健一　相崎哲志
二渡政彦　石田澄雄

強化委員

◎山口昌寿　○高瀬義之
○齋藤彰宏　月井　新
杉浦直人　長崎　勝
山田健剛

審判委員

◎和田賢一　○若杉秀樹
横井直久　坂本健治
五十嵐　理　袴田保和
銀杏達也

事業委員

◎向後　彰　○瀬戸口礼二
仁井田崇志　野口正男
赤尾よし枝　長部純平

広報委員

◎箭内民生　○土屋貴司
辻　誠　中村美子

大会委員

◎山下隆之　○鵜澤昌一
○平田哲也　米澤明彦
小日向藍菜　金子三枝子
永井恭子　山下　薫

◎は委員長、○は副委員長

全日本空手道剛柔会 師範一覧

（五段、錬士以上 平成三十年現在）

範士	宗家最高師範	山口剛史
範士	師範九段	石橋雅美
範士	師範九段	菊池広正
範士	師範八段	北新鐵次
範士	師範八段	小笠原希悦
範士	師範八段	増田一郎
範士	師範八段	坂本誠二
範士	師範八段	赤尾健一
教士	師範八段	相崎哲志
教士	師範八段	坂本喜平
教士	師範八段	山田繁樹
教士	師範八段	石田澄雄
教士	師範八段	二渡政彦
教士	師範七段	二渡利江
教士	師範七段	山口昌寿
教士	師範七段	山下隆之
教士	師範七段	平田哲也
教士	師範七段	横井直久
教士	師範七段	和田賢一
錬士	師範七段	佐藤祐司
錬士	師範七段	横山欽一
錬士	師範七段	月井 新
錬士	師範七段	向後 彰
錬士	師範六段	中西昭雄
錬士	師範六段	生沼 剛
錬士	師範六段	河西 優
錬士	師範六段	市田昌生
錬士	師範六段	野口正行
錬士	師範六段	服部貞誼
錬士	師範六段	柏倉美治

錬士　師範六段　漢人征治
錬士　師範六段　佐藤　武
錬士　師範六段　仁井田崇志
錬士　師範六段　鶴岡孝夫
錬士　師範六段　谷口治典
錬士　師範六段　村上文夫
錬士　師範六段　帆足幹夫
錬士　師範六段　若杉秀樹
錬士　師範六段　庄司一洋
錬士　師範六段　鵜澤昌一
錬士　師範六段　馬場朝子
錬士　師範六段　ヤク・ミナール
錬士　師範六段　野口正男

錬士　師範五段　安斎昭男
錬士　師範五段　吉川利治
錬士　師範五段　古林俊夫
錬士　師範五段　佐藤洋一
錬士　師範五段　坂本健治
錬士　師範五段　鈴木　誠
錬士　師範五段　星野次男

錬士　師範五段　小野高士
錬士　師範五段　鈴木　勇
錬士　師範五段　安村　宰
錬士　師範五段　今　忠一
錬士　師範五段　永谷博司
錬士　師範五段　山田安子
錬士　師範五段　瀬戸口礼二
錬士　師範五段　東後勝明
錬士　師範五段　阿部達也
錬士　師範五段　齋藤要藏
錬士　師範五段　池辺利吉
錬士　師範五段　赤尾よし枝
錬士　師範五段　高橋ちよ
錬士　師範五段　高橋　茂
錬士　師範五段　高瀬義之
錬士　師範五段　藤田和人
錬士　師範五段　田中利明
錬士　師範五段　齋藤彰宏
錬士　師範五段　森山浩和
錬士　師範五段　中村隆昭
錬士　師範五段　菊地忠彦

錬士　師範五段　田中元和
錬士　師範五段　ブレント・リーガン
錬士　師範五段　五十嵐　理
錬士　師範五段　土屋貴司
錬士　師範五段　山口剛平
錬士　師範五段　辻　誠
錬士　師範五段　米澤明彦
錬士　師範五段　古橋達也
錬士　師範五段　川島雅彦

海外出向師範

教士　師範七段　村上清司
錬士　師範六段　信包一彦
錬士　師範五段　ヒューズ・千枝子

全日本空手道剛柔会 登録道場一覧

（令和元年現在）

（道場名）	（代表者名）
日本空手道剛柔館杉並	山口剛平
日本空手道剛柔館板橋	山口剛平
群馬剛柔会	坂本喜平
三鷹剛柔館	瀬戸口礼二
鷺宮剛柔館	斎藤彰宏
和光剛柔館	大石秀峯
剛柔館山梨支部	河西　優
京都府庁空手道部・明倫会	市田昌生
茨城剛柔館	鈴木　誠
剛心会	二渡政彦
相模館	山田繁樹
上石神井剛柔館	平田哲也
大利根剛柔館	向後　彰
剛至会本部	佐藤裕司
史栄館藤代	古橋達也
史栄館柏	山崎勝則
青森剛柔会五所川原支部	今　忠一
拳誠会	横井直久
空手道聖武館	仁井田崇志
東亜連盟	米澤明彦
拳剛会本部剛明館	菊池広正
拳剛会山梨	相崎哲志
拳剛会千葉	安村　宰
拳剛会船橋	石田澄雄
拳剛会東金九十九里	鵜澤昌一
拳剛会玄武館	山下隆之
拳剛会長崎剛明館	古林俊夫
静岡剛柔館相良道場	野賀　宏
静岡剛柔館清水道場	鈴木　勇
静岡剛柔館静岡道場	帆足幹夫
静岡剛柔館正剛	鴨川直人
全日本空手道一友会	小原　博
日大芸術剛柔流空手道部ＯＢ会	生沼　剛
東豊会	冨田昌洋
剛正館	山本信一
日本大學藝術學部　剛柔流空手道部	佐藤貞二

明治大学生田　空手部　高瀬義之
明治学院大学　空手道部　霜　雄一郎
千葉商科大学　体育会空手道部　西立野洋介
明海大学　歯学部　空手道部　向後　彰
東京国際大学　空手道部　二渡政彦
名古屋剛柔館　若杉秀樹
拳剛会八千代支部　池辺利吉
青森剛柔鶴田　桜井和治
松乃剛征館　漢人征治
拳剛会　一心館　櫻井礼子
拳剛会白里支部　庄司一洋
拳剛会男塾　山口昌寿
八幸会　野口正男
貴翔社　土屋貴司
ワールドカラテアカデミー　月井　新
剛柔流空手道長崎道場　長崎　勝
拳櫻会　渡部　勝
白空会　霜　雄一郎
アテナ空手クラブ　中村美子
拳剛会呉　中山勇幸
日本空手道剛柔館ひばりヶ丘　山口剛平

写真で見る山口剛玄の歩み

写真上　1950年頃
肘当鍛錬による巨大ダコ

写真右　1960年代

写真左　1965年（昭和40）
日本武道館　渡櫓門にて

1980年（昭和55）　インドにて

写真右　1963年（昭和38）　海外記事で「THE "CAT"」と紹介される

写真左　1965年（昭和40）　滝行の著者

THE "CAT"

Gogen Yamaguchi, Head of Gojuryu Karate, Has Become A Legend In His Time

by A. Sonny Palabrica

They call him the "Cat." Nobody seems to know quite how he got the name. Some say that the American G.I.'s stationed in Japan after World War II were the first to dub him with it because he walked so softly in the dojo they never knew when he glided up behind them.

But however the name first got started, it has stuck. It seems particularly appropriate to the lithe movements of the man himself and to the graceful, beautiful brand of karate he preaches.

The Cat, whose real name is Gogen Yamaguchi, is the head of the famous Goju school of karate. With his flowing hair and his piercing black eyes, this remarkable karate-ka has become a world figure and something of a legend in his own time. Coming out of a Manchurian prison camp after World War II, he picked up the reins of a flagging school and

The "Cat" shows open hand technique.

29

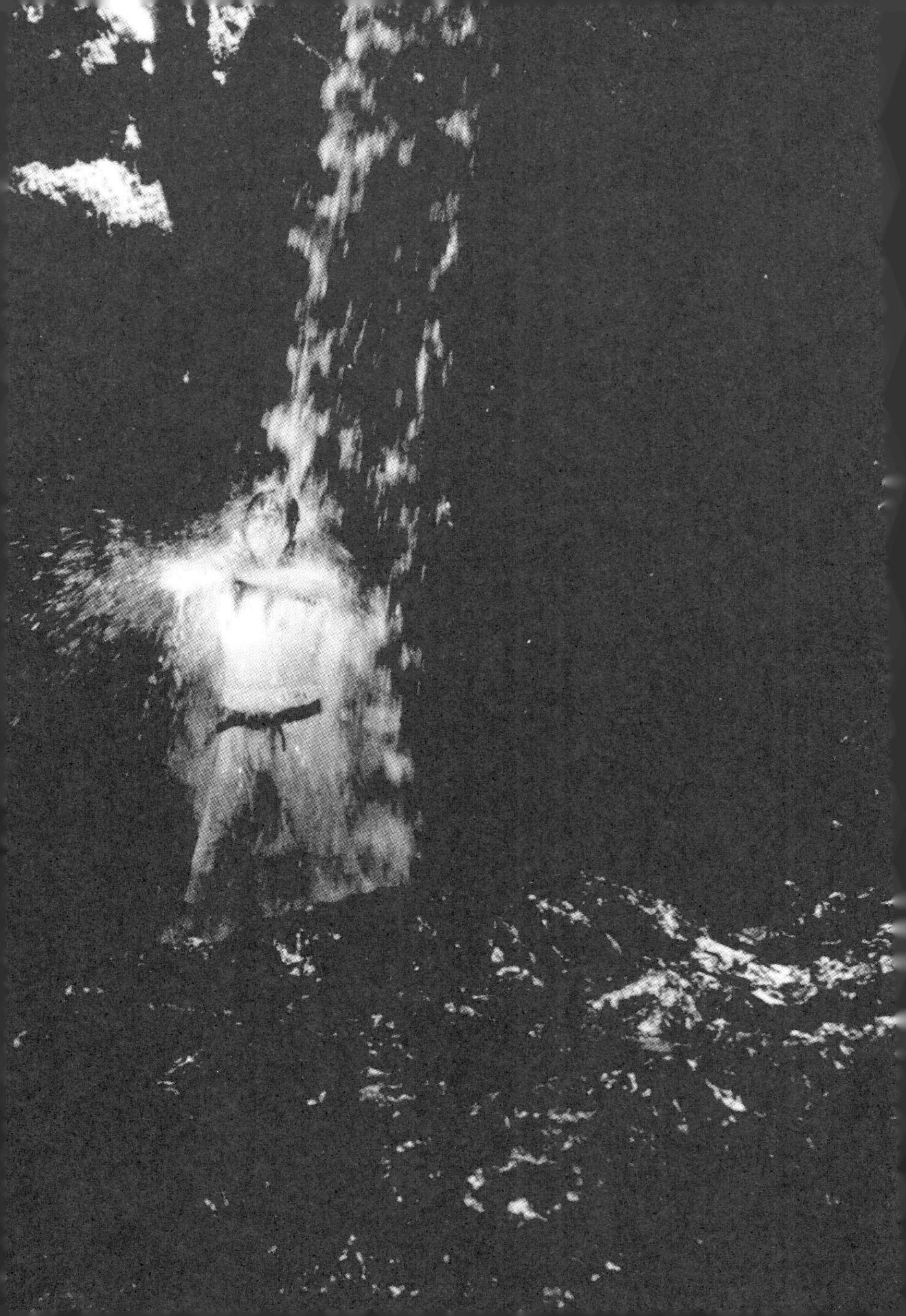

写真上　1973年（昭和48）　宮城長順先生没後20年祭記念演武大会

写真右　1973年（昭和48）　宮城長順先生の旧墓前にて

写真上　1978年（昭和53）　宮城長順先生墓参。宮城家と沖縄剛柔会合同

写真左　1979年（昭和54）　山口剛史一家と

写真左　1979年（昭和54）　杉並剛柔館内日本庭園にて

1975 年（昭和 50）　山口家親族　当時の本部道場にて

1975 年（昭和 50）　当時の本部道場正門にて

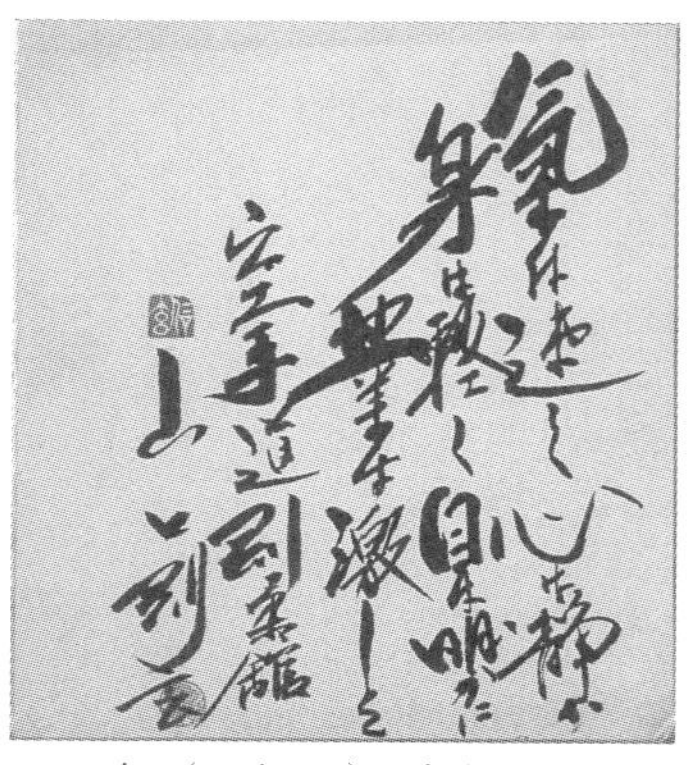

1987年（昭和62）　色紙
「気は速く　心は静か　身は軽く
目は明かに　業は激しく」

写真上　1966年（昭和41）
台北にて

写真左　1976年（昭和51）
杉並区善福寺本部道場にて
三男・剛史と組手

会葬（遺族挨拶・山口剛正、遺影を持つ山口剛史）

1989年（平成元年）　山口剛玄会葬　明治記念会館にて

写真左　1987年（昭和62）　日蓮宗法衣にて

全日本空手道剛柔会のあゆみ（年表）

明治21（1888）宮城長順流祖 沖縄県那覇市に出生。

明治42（1909）山口実美（後に剛玄）会祖 鹿児島市に出生。

昭和12（1937）宮城長順流祖より剛玄の道号を授かり、剛柔流宗家として本土の普及発展の総べてを任された。

剛柔会の歴史はじまる

昭和24（1949）浅草千束道場開設。

昭和25（1950）流祖宮城長順先生を名誉会長に迎え、全日本空手道剛柔会を結成。

昭和26（1951）宮城長順師より十段範士号を授与される。

昭和28（1953）宮城長順流祖 逝去（10月8日）

昭和34（1959）三男紘史に剛史の道号を授ける。

昭和35（1960）上野西町道場開設。

昭和36（1961）墨田区に押上道場を開設。**アメリカ・サンフランシスコ道場開設。**

昭和37（1962）**米国剛柔流大会に出席のため渡米。サンフランシスコ・ステイツカレッジに空手道部創部。**

昭和38（1963）文京区湯島道場開設。第1回剛柔会全日本選手権大会（両国国技館）開催。

昭和39（1964）「全日本空手道連盟」が結成され、元老に就任。

昭和40（1965）第2回剛柔会全日本選手権大会（和歌山市）開催。国際空手道剛柔会（ＩＫＧＡ）を結成。

※年表内のゴシック体文字の部分は海外事情に関する記述です。

会長に就任。

昭和41（1966）著書『剛柔の息吹』を出版。全米剛柔会大会に渡米。以後ハワイ、オーストラリア、東南アジア等を歴訪し、活発な海外指導を行い世界的に名を馳せる。

昭和42（1967）全米剛柔会大会に渡米。その際国連総会より招待を受け、国連バッジを授与される。欧文書〝KARATE〟BY THE CAT〟出版。

昭和43（1968）杉並区善福寺に「剛柔館本部道場」を開設。荒川区に「剛柔館日暮里道場」を開設。米国サンフランシスコ大会に渡米。

昭和44（1969）空手道普及の功績などにより、藍綬褒章を受章する。米国ホノルル大会に出席。

昭和45（1970）全日本空手道連盟主催の第一回世界大会、武道館にて開催。47カ国が参加。著書『空手道教範』出版。オーストラリア剛柔会大会、香港剛柔会大会、全米剛柔会大会（サンフランシスコ）等に出席。

昭和46（1971）日本空手道専門学校を設立。校長に就任。

昭和47（1972）武道顕彰賞（名誉有功章）受賞。剛玄会長、全日本空手道連盟剛柔会離脱、剛柔会分裂。オーストラリア大会。シンガポール／インドネシア／タイ／香港セミナー。米国ワシントン大会。

昭和48（1973）宮城長順流祖20回忌墓参。

昭和49（1974）剛玄会長、全日本空手道連盟元老と資格審議委員を辞任。香港セミナー。日本フィリピン親善大会（マニラ）。オーストラリアセミナー。

昭和51（1976）剛玄師を囲む「恩師会」発足。分解組手創作・指導。香港／シンガポール／フィリピン／タイ／インドネシアセミナー。南アフリカセミナー。

昭和52（1977）第2回「恩師会」開催。第1回剛柔会修錬大会（明治神宮）開催。オーストラリアセミナー。国際親善演武大会（明治神宮）開催。

昭和53（1978）明治神宮会館に於いて、流祖宮城長順先生25周年祭顕彰大会を開催。沖縄墓参。全日本空手道剛柔会を再構築。特定型を構想・創作。この時酒井節雄氏最高顧問に就任。韓国武術大会参加。マレーシア／インド／シンガポールセミナー。

昭和54（1979）師範会講習会開催。オーストラリアセミナー。ドイツ剛柔会設立。

昭和55（1980）再構築後初の全国大会（明治神宮）開催。第1回指導者講習会開催。第1回大学リーグ戦開催。日本／オーストラリア合同セミナー（鹿島神武殿）。マレーシア、インドネシアセミナー。インド大会。スウェーデンセミナー。南アフリカセミナー。

昭和56（1981）沖縄墓参。東南アジアセミナー（フィリピン）。

昭和57（1982）大日本武徳会より感謝状を贈られる。日本／南アフリカ合同セミナー及び日本／オーストラリア合同セミナー（鹿島神武殿）。オーストラリア10周年記念セミナー。

昭和58（1983）流祖30年祭顕彰記念国際親善大会を国立代々木第2体育館にて開催。特定型「玄鶴」発表。『剛柔流空手道』（文庫本サイズ）出版。カナダセミナー。USA剛柔会訪問。スウェーデンセミナー。インターナショナルセミナー（鹿島神武殿）。

昭和59（1984）南アフリカセミナー。スウェーデンセミナー。

昭和60（1985）剛玄会長の喜寿の祝いが東京プリンスホテルに於いて開催され、剛柔会分裂の経緯を越え、弟子や門下生達が一堂に会し、師の長寿を祝った。ヨーロッパセミナー（ドイツ）。インターナショナルセミナー（鹿島）。IKGA国際会議。

昭和61（1986）ヨーロッパセミナー（スウェーデン）。オーストラリアセミナー。

昭和62（1987）空手道修練の道標として「道心」を記す。アジアセミナー（シンガポール）。ヨーロッパセミナー（イギリス）。アジアセミナー（インドネシア）。

昭和63（1988）カナダセミナー。ヨーロッパセミナー（スイス）。

平成元年（1989）5月20日午前6時32分、剛玄会長、東京都杉並病院に於いて急性心不全のため逝去。享年81才。全日本空手道剛柔会より「拳聖」の称号を贈られる。9月、剛玄会長の葬儀が明治記念館に於いて国内外の参列者の悲しみにつつまれて、全日本空手道剛柔会会葬として盛大且つ厳かに執り行われた。南米セミナー（ブラジル）。ヨーロッパセミナー（オランダ）。南アフリカセミナー。インターナショナルセミナー（鹿島）。

平成2（1990）山口剛仙副会長逝去。2月、山口剛史師範、国際空手道剛柔会・全日本空手道剛柔会長に就任。最高師範となる。酒井節雄最高顧問を筆頭に新時代を担う役員人事が決定。7月、平成2年度全国大会開催。岡村光康副会長逝去。ヨーロッパセミナー（スウェーデン）。南米セミナー（ブラジル、ウルグァイ）。インドセミナー。

平成3（1991）全日本空手道剛柔会後援会発足。酒井節雄最高顧問が理事長に就任。6月、山口剛史会長就任祝賀会挙行（京王プラザホテル）。その際、剛柔会世界大会開催の構想が提案された。8月、平成3年度全国大会開催、剛史会長「玄鶴」に次ぐ特定型「地鶴」を披露。初の高段者研修会開催。高齢化社会など新しい時代に向けて研究と実践を開始。オセアニアセミナー（オーストラリア）。中国セミナー。ヨーロッパセミナー（ハンガリー）。

平成4（1992）8月、平成4年度全国大会開催。世界大会の正式種目に決まった自由組手競技の実験的デモンストレーションを行う。宮城長順流祖墓参（沖縄）。オセアニアセミナー。イランセミナー。アフリカセミナー。ヨーロッパセミナー（ギリシャ）。

平成5（1993）山口剛史最高師範によるビデオ「甦る伝統空手／剛柔流空手道」（全3巻）が完成、全国で発売された。山口剛史最高師範、初の著書『空手道剛柔流の組手技法』出版。和文英文対訳による組手教本として内外の好評を博している。11月「第1回空手道剛柔会世界大会」開催（千葉ポートアリーナ）。参加国38ヵ国（選手団400名）。又、自由組手と型分解組手が正式種目となった。21日大会第1日（一般、少年予選）。22日海外選手歓迎パーティ（玉姫殿）。※23日大会第2日（小学生、中学生予選、全種目決勝）。24、25日、国際セミナー開催。29日（月）午後2時50分～3時10分ＴＢＳテレビにて放送。番組名「空手道剛柔会世界大会」。インターナショナルセミナー。

平成6（1994）会長以下幹部、流祖・宮城長順先生の墓前（沖縄）に世界大会の成功を報告。平成6年度全国大会開催。剛史会長、武道ガラ（ドイツ）出演。ヨーロッパセミナー（イタリア）。カナダセミナー。オセアニアセミナー（オーストラリア）。

平成7（1995）日大（芸）空手道部正式復帰成る。拳聖山口剛玄会祖の七回忌開催。平成7年度全国大会開催。イランセミナー。ヨーロッパセミナー（スウェーデン）。第1回アジアパシフィック大会（マレーシア）。

平成8（1996）1月、全日本空手道剛柔会会則改正により新会則施行。18年ぶりの大改正により、新しい時代環境に対応することとなった。平成8年度全国大会開催。青寧柱元副会長逝去。南アメリカセミナー（ブラジル）。ヨーロッパセミナー（スイス）。アフリカセミナー（南ア）。オセアニアセミナー（オーストラリア）。第2回アジアパシフィック大会（インド）。

平成9（1997）師範称号の見直しと統一が完了し、称号証書の授与式が行われた。平成9年度全国大会開催。級位の帯色統一成る。ヨーロッパセミナー（ハンガリー）。東ヨーロッパ巡回指導（ルーマニア、スロバキア、ウクライナ）。第2回剛柔会世界大会（ブラジル）。剛史会長ブラジル政府より世界平和賞授与される。インターナショナルセミナー（ブラジル）。

平成10（1998）沖縄墓参及び八木明徳先生見舞い。平成10年度全国大会開催。（財）東京都体育協会よりスポーツ功労賞が会長に贈られる。アジアセミナー（スリランカ、ブルネイ、タイ）。ヨーロッパセミナー（オランダ）。オーストラリアセミナー。渡邊龍蔵ＩＫＧＡ副会長逝去。

平成11（1999）平成11年度全国大会開催。沖縄墓参及び八木明徳先生米寿の祝いに出席。ヨーロッパセミナー（イギリス）。北アメリカブロックセミナー（カナダ）。第3回アジアパシフィック大会（オーストラリア）。南アメリカセミナー（ブラジル）。インド剛柔会設立25周年演武会。

平成12（2000）全日本空手道剛柔会設立50周年を迎える。名誉会長に渡部恒三衆議院副議長を迎える。創立50周年記念平成12年度全国大会開催。創立50周年記念祝賀会（京王プラザホテル）開催。山口剛玄会祖の胸像除幕式（酒井節雄最高顧問より寄贈）。創立50周年記念誌「息吹」発刊。・創立50周年記念国際セミナー（代々木オリンピックセンター）開催。創立50周年記念役員表彰式。イランセミナー。ヨーロッパセミナー（ドイツ）。アフリカセミナー（南ア）。シンガポール剛柔会20周年記念大会。

平成13（2001）本部道場・事務所を拡張。師範会を正式に認定、会則を改正。5月、山口家にて故山口剛玄先生13回忌、故山口剛仙先生13回忌、故山口満枝夫人7回忌法要。8月、平成13年度全国大会（2日間）開催。10月、大学リーグ戦（東京国際大学主管）開催。香港セミナー。南米（アルゼンチン）セミナー。北アメリカ（カナダ）セミナー。ヨーロッパ（ギリシャ）セミナー。第3回剛柔会世界選手権大会（オーストラリア・パース）。

平成14（2002）役員改選、平成14年～16年。審判委員会、ＩＴ委員会の専門委員会を新設。師範研修会を開催し師範・指導者名鑑を発刊。8月、平成14年度全国大会（2日間）開催。10月、大学リーグ戦（麗澤大学主管）開催。年末懇親会に於いて功労選手20名を表彰。中国（浙江省）訪問。ヨーロッパ（オーストリア）セミナー。南米（チリ）セミナー。イランセミナー。ネパールセミナー。

平成15（2003）2月、八木明徳先生逝去。型分解組手ビデオ発刊記念パーティー。8月、平成15年度全国大会（2日間）開催。10月、大学リーグ戦（明治学院大学主管）開催。沖縄墓参（宮城家・八木家）。宮城長順先生没50周年記念国際親善全国大会及び香港アジアパシフィック選手権大会は病原菌ＳＡＲＳ蔓延の為中止となった。平成15年全国大会（２日間）開催。年末懇親会に於いて功労選手17名を表彰。インドネシア・ヨーク支部長逝去。スリランカ・ジャヤコディー支部長逝去。中国(浙江省)訪問。ヨーロッパ(イタリア)セミナー。オーストラリアセミナー。インドネシアセミナー。タイ（バンコク）セミナー。中国・成都道場開き。

平成16（２００４）役員改選、平成16～18年。会則一部改正。師範・指導者名鑑発刊。７月、林大幹特別顧問逝去。平成16年度全国大会（２日間）開催。大学リーグ戦（日本大学主管）開催。年末懇親会に於いて功労選手14名を表彰。タイ（バンコク）セミナー。ヨーロッパ（ギリシャ）セミナー。アフリカセミナー。南アフリカメンバー来日セミナー・審査会。イランセミナー。

平成17（２００５）本年より師範会鏡開きを開催。挙聖山口剛玄先生・大拳師山口剛仙先生を偲ぶ会。宗家山口剛史・剛平にて「三戦、転掌小手掛け合わせ」を奉納。平成17年度全国大会（２日間）開催。大学リーグ戦（明海大学主管）開催。11月８日～13日空手道剛柔会第４回世界選手権大会をオランダ・ロッテルダムで開催。11月14日、ＩＫＧＡ国際セミナー（オランダ）。年末懇親会に於いて功労選手11名を表彰。日本スポーツマスターズにおいて山田安子・高橋ちよ・池辺利吉３種目型優勝。（財）日本体育協会より山口剛史、公認スポーツ指導者表彰を授与される。マレーシアセミナー。ヨーロッパセミナー（スウェーデン）。マレーシアセミナー。中国訪問(浙江省)。北アメリカセミナー（カナダ）。

平成18（２００６）役員改選、平成18～20年。渡部恒三名誉会長、酒井節雄最高顧問辞任される。崎元千代吉教士八段相談役逝去。小磯泰男範士八段逝去。会則一部改正。師範・指導者名鑑発刊。平成18年度全国大会（１日）開催。年末懇親会に於いて功労選手22名を表彰。マレーシア・ジーティミング支部長逝去。ヨーロッパセミナー(ドイツ)。南アフリカメンバー来日セミナー・審査会。オーストラリアセミナー。

平成19（２００７）平成19年度全国大会（２日間）開催。大学リーグ戦（明治大学主管）開催。「剛柔流伝統技法Ⅰ・Ⅱ新ＤＶＤ」発刊。年末懇親会に於いて功労選手33名を表彰。日本武道館主催の日本・ポーランド武道外交に山口剛史、山田繁樹師範参加。空手道剛柔会第４回アジアパシフィック選手権大会・セミナー（香港）。イギリスセミナー。中国セミナー（成都）。ヨーロッパ選手権大会・セミナー（スイス）。南アメリカセミナー（チリ）。

平成20（２００８）役員改選、平成20～22年。世代交代を図って若手執行部に期待。特別顧問・加藤隆之先生米寿の祝い。師範・指導者名鑑発刊。山口剛玄著『空手道教範』（日本書店）を山口剛史監修による改正新版。ヨーロッパセミナー（イギリス）。北アメリカセミナー（カナダ）。ブラジルセミナー・南アフリカメンバー来日セミナー・審査会。ＩＫＧＡカンボジア視察・セミナー。

平成21（２００９）会祖山口剛玄先生生誕１００周年記念。師範会研修・墓参。平成21年度全国大会（２日間）。式典・祝賀会（京王プラザホテル）。大学リーグ戦（日本大学主管）開催。第５回空手道剛柔会世界選手権大会・ＩＫＧＡ国際セミナー（南アフリカ・ケープタウン）。年末懇親会に於いて功労選手37名を表彰。日本マスターズ山田安子７回目優勝。『剛柔流型教本』上下巻発刊。ネパールセミナー。南アフリカセミナー。オセアニアセミナー（オーストラリア）。インドメンバー来日セミナー。イランセミナー。ヨーロッパセミナー（ポルトガル）。インドセミナー。

平成22（２０１０）役員改選、平成22～24年。会則大幅改正。「剛柔流型全集」ＤＶＤ Ⅰ～Ⅳ 発刊。全日本空手道剛柔会創立60周年記念・平成22年度全国大会（１日）開催。大学リーグ戦（明海大学主管）開催。師範・指導者名鑑発刊。全日本空手道剛柔会創立60周年・山口剛史会長就任20周年記念祝賀会。インドネシアセミナー。インドメンバー来日研修。スペインセミナー。ヨーロッパセミナー（イタリア）。マレーシアセミナー。ニュージーランド日本祭演武参加。

平成23（２０１１）東日本大震災　３月11日・全国大会「日本復興・剛柔の息吹」一日チャリティー大会。山下洋佑先生受章祝賀会、京王プラザホテル。会報夏号、冬号発行。年末懇親会に於いて功労選手49名を表彰。大学リーグ戦（千葉商科大学主管）。坂本誠二・増田一郎・相崎哲志・赤尾健一八段合格。第7回世界ジュニア＆カデット、マレーシアカデット女子個人型優勝　清水那月（群馬）。第7回世界ジュニア＆カデット、マレーシアカデット女子個人組手準優勝　山田沙羅（一友会）。特別功労選手　清水那月・山田沙羅　功労選手47名。アフリカセミナー（南アフリカ）。第5回アジア太平洋選手権大会バンコック（日本選手東日本震災の為不参加）役員のみ参加。ヨーロッパセミナー（ハンガリー）。インドネシアナショナルチーム来日研修。シンガポールセミナー。韓国空手道連盟講習会（プサン）山口剛史講師。オーストラリア支部来日。インドセミナー（ムンバイ）。

平成24（2012）
役員改正、平成24～25年　坂本喜平理事長。此本　孝最高技術顧問米寿祝賀会。全国大会特別表彰　WKF国際大会優勝　清水那月選手（群馬）。山口剛史会長古希祝い　京王プラザホテル　徳光和夫氏司会。大学リーグ戦〈明治生田〉。山田安子選手日本マスターズ女子型通算10回優勝。師範名鑑発刊、会報春号・冬号発刊。特別功労選手　山田安子　功労選手72名。相談役・下徳六男八段範士逝去。南アフリカ・群馬剛柔会親善交流大会。マカオ支部来日。マカオセミナー（マカオ）。北アメリカセミナー（カナダ）。ヨーロッパセミナー（チェコ）。香港セミナー（香港）。スイスセミナー（ベルン）。南アフリカ支部来日。オーストラリア支部来日。南アメリカセミナー（アルゼンチン）。

平成25（2013）
「流祖宮城長順先生没60周年追悼」全国大会（一日大会）。IT委員会を広報委員会に改称。大学リーグ戦（明治学院大学主管）。清水那月選手　第12回アジアシニア大会型優勝。小林直央選手第13回アジアジュニア＆カデット組手47キロ優勝。松本　葉選手　第13回アジアジュニア＆カデットジュニア組手53キロ優勝。功労選手91名。オーストラリア支部来日。スイス支部来日。南アフリカ支部来日。「第６回空手道剛柔会世界選手権大会２０１３ムンバイ」
山口剛史最高師範特定型「天龍」演武。中国・成都支部、支部長他2名来日。マカオ支部来日。
オーストラリア創立50周年式典セミナー（メルボルン）。インドネシア支部来日。タイ・カン
ボジアセミナー。シンガポール・ブルネイセミナー。

平成26（２０１４）役員改正、平成26～27年　坂本喜平理事長。菊池広正範士77才喜寿のお祝い。菊池広正範士、
石橋雅美範士　九段合格。「山口剛玄先生没25周年顕彰」全国大会。大学リーグ戦（日大芸術
主管）。ＩＫＧＡ・ＪＫＧＡ合同　山口剛玄先生没25周年顕彰懇親会（中野サンプラザホテ
ル）。ポール・スターリン、ブライアン・マキー八段合格。韓国セミナー。南アフリカ支部来
日　合同研修会。イタリア支部来日。ヨーロッパセミナー（ドイツ）。ＩＫＧＡ・ＪＫＧＡマ
スターセミナー（代々木センター・松本市）。ＩＫＧＡ台湾セミナー。南アメリカセミナー（ブ
ラジル）。

平成27（２０１５）顧問岩上長興九段範士逝去　大拳師授与。特別顧問　加藤隆之先生逝去。レベルアップ研修会
1～7、県持ち回りスタート。全国大会（一日大会）。大学リーグ戦（明海大学主管）。増田
一郎八段範士合格。坂本喜平・山田繁樹八段合格。会報一回発刊。ネパール震災支援金募集。
カンボジア・タイセミナー。マカオセミナー。台湾支部来日。韓国セミナー。南アフリカ支
部来日、交流大会。オーストラリア支部来日。スウェーデン支部来日。中国・成都より研修
生2名来日。南アメリカセミナー（コロンビア）。ヨーロッパ選手権大会・セミナー（イギリ
ス）。南アフリカセミナー（ケープタウン）。第6回アジアパシフィック選手権大会２０１５（イ
ンドネシア）。ゴンザロ・ラミネス八段合格、ＩＫＧＡ副会長就任。

平成28（２０１６）役員改正、平成28～29年　坂本喜平理事長・山下隆之副理事長就任。全国大会。大学リーグ戦（千
葉商科大学主管）レベルアップ研修会・師範練習会　東京・神奈川・埼玉・群馬・愛知。師範

名鑑発行。特別功労選手　山田沙羅（一友会）・神尾武志（ワールドアカデミー）。功労選手27名、7チーム。台湾支部来日研修。タイ・カンボジアセミナー。南アフリカ支部長他来日合同研修会。南アフリカ支部来日。中国　北京セミナー。南アフリカ交流研修会。ヨーロッパセミナー（イタリア）。パンアメリカン大会セミナー（チリ）。アジアブロックセミナー（マレーシア）。

平成29（２０１７）

最高技術顧問　此本　孝 九段範士逝去　大拳師授与。２０２０年オリンピック開催の為、全国大会を流山体育館（キッコーマンアリーナ）にて開催　山口剛史最高師範　特定型「天龍」演武。大学リーグ戦（明治生田主管）坂本誠二八段、赤尾健一八段範士合格。岩井　達八段範士逝去。黒帯研修会を分解組手研修会とする。功労選手48名、７チーム。シンガポール・カンボジアセミナー。台湾セミナー。韓国セミナー。オーストラリア支部来日研修。南アフリカ支部来日研修。チリ支部・チェコ支部来日合同研修。アジアブロックセミナー（タイ）。中国セミナー（北京）。ヨーロッパセミナー（スロバキア）。マカオ支部来日研修。オランダ支部日本研修。第７回国際空手道剛柔会グローバル選手権大会２０１７（カナダ・リッチモンド）。

平成30（２０１８）

役員改正、平成30〜31。菊池広正・赤尾健一特別顧問就任。石橋雅美技術顧問就任。衆議院議員石原伸晃氏、都議会議員早坂義弘氏、いなば食品社長稲葉敦央氏　顧問就任。坂本喜平副会長・山田繁樹理事長就任。山口剛平副理事長、土屋貴司事務局長就任。臨時理事会・総会で第８回グローバル選手権大会積立金制度決定。全国大会（キッコーマンアリーナ）。自由組手選手・審判員講習会開催　規約改正（審判委員会）。「第８回空手道剛柔会グローバル選手権大会東京２０２１」準備委員会立上げ。日本空手道剛柔館杉並創立50周年記念祝賀会（中野サンプラザホテル）。大学リーグ戦（東京国際大学主管）。石橋雅美九段範士逝去、大拳師授与。レベルアップ研修会・師範練習会　東京・千葉・埼玉・茨城・栃木・特別功労選手　清水那月

（群馬剛柔会）、山田和花（剛心会）、秋吉優斗（剛心会）、山中優空（一友会）、米盛希之子（一友会）　功労選手16名9チーム。アメリカ桜井メンバー来日研修。フィリピンセミナー。台湾支部来日研修。韓国セミナー。オランダ支部日本研修。ポール・スターリン、ブライアン・マッキー範士合格。ヨーロッパセミナー（チェコ）。台湾支部来日研修会。アジアセミナー（香港）。マカオ支部来日研修会。チェコ支部来日研修会。マカオ・チェコ・韓国支部合同練習。イランセミナー（テヘラン）。パンアメリカンセミナー（ウルグアイ）。南アフリカ支部来日研修。南アフリカ支部合同交流研修会。マスターセミナー（イギリス）。タイ支部来日研修。アメリカ支部来日研修会。

平成31【令和元年】（２０１９）
第８回空手道剛柔会グローバル選手権大会準備委員会立上げ。全国師範研修会を年間２回とする。黒帯研修会第１回を分解組手、第２回は高段審査受審者を対象。５月元号「令和」となる。全国大会初めての外国人実行委員長。剛柔会制定型講習会　２０２１年グローバル選手権大会に合わせて剛柔会制定型の徹底を計る。南アフリカメンバー・東亜連盟合同交流練習。山口剛玄著『増補改訂版　剛柔の息吹』（日貿出版社）を山口剛史会長による「父・山口剛玄と剛柔会の歩み」他資料を加え発刊。ゴンザロ・ラミネス範士合格。英国支部来日研修。スロバキア支部来日研修。ネパール支部来日研修。南アフリカ支部来日研修。ヨーロッパ選手権大会・セミナー（ハンガリー）。第７回空手道剛柔会 ＡＳＩＦＩＣ 選手権大会 ２０１９（フィリピン）。ネパールセミナー。

山口剛玄（Gougen Yamaguchi）

明治 42 年 1 月 21 日鹿児島県に誕生。幼少より武道を好み、剣道、柔術、唐手術を修行。学生時代は応援団、相撲部に入り、空手道部を設立。剛柔流空手道開祖・宮城長順先生に師事するとともに、立命館大学空手道部ほか、京都市内に道場を設立し指導にあたる。戦時中は満洲に渡り、シベリア抑留を経て帰国すると、再び国内外の空手道普及、発展に専念し、空手界の統合に協力、貢献する。空手道最高師範のほか、保護司、弁理士、柔道整復師として活躍する。晩年は空手道指導を息子達にまかせ、神道、仏教、ヨガの真理を求めて禊と瞑想を日課とする。平成元年 5 月 20 日永眠。全日本空手道剛柔会、国際空手道剛柔会より、空手道「拳聖」の称号を受ける。

〇全日本空手道剛柔会公式 HP（http://www.karatedo.co.jp/goju-ryu/）

山口剛史（Goushi Yamaguchi）

本名・紘史。昭和 17 年 9 月 28 日満洲新京にて誕生。日本大学芸術学部卒業。山口剛玄の三男として父を補佐し、国内外の指導にあたる。山口剛玄逝去のあと、全日本空手道剛柔会、国際空手道剛柔会宗家として、会長・最高師範に就任。

剛柔流空手「拳聖」山口剛玄一代記
増補改訂版　剛柔の息吹

●定価はカバーに表示してあります

2019 年 12 月 24 日　初版発行

著　者　山口剛玄
発行者　川内長成
発行所　株式会社日貿出版社
東京都文京区本郷 5-2-2　〒 113-0033
電　話　(03) 5805-3303（代表）
F A X　(03) 5805-3307
郵便振替　00180-3-18495

印刷　株式会社ワコープラネット

落丁・乱丁本はお取替えいたします

ISBN 978-4-8170-6029-7　http://www.nichibou.co.jp/